县级融媒体中心科技传播评价研究

武 丹 钟 琦 ◎ 著

中国科学技术大学出版社

内容简介

本书分基础篇、评价篇、数据篇、结论篇、建议篇五篇，构建了县级融媒体中心科技传播能力评价指标体系，并对县级融媒体中心的科技传播情况进行评价，由浅入深探寻了县级媒体融合环境下科技传播的现状与挑战。本书从实践出发，选取较具代表性的县级融媒体中心作为研究对象，自上而下全面梳理和分析其平台建设与科技传播情况，较全面地反映了目前我国县级融媒体中心科技传播状况与存在的问题，并提出进一步提升县级融媒体中心科技传播能力的对策和建议。

图书在版编目(CIP)数据

县级融媒体中心科技传播评价研究 / 武丹，钟琦著. -- 合肥：中国科学技术大学出版社，2024.11. -- ISBN 978-7-312-06137-0

Ⅰ.G206.2

中国国家版本馆CIP数据核字第20243Q3A97号

县级融媒体中心科技传播评价研究
XIANJI RONGMEITI ZHONGXIN KEJI CHUANBO PINGJIA YANJIU

出版	中国科学技术大学出版社
	安徽省合肥市金寨路96号，230026
	http://press.ustc.edu.cn
	https://zgkxjsdxcbs.tmall.com
印刷	合肥华苑印刷包装有限公司
发行	中国科学技术大学出版社
开本	710 mm×1000 mm 1/16
印张	12.5
字数	198千
版次	2024年11月第1版
印次	2024年11月第1次印刷
定价	76.00元

序

自 2014 年媒体融合上升为国家战略至今,经过全面建设和重新布局,我国各级融媒体平台已经基本建成,并在逐渐形成以内容建设为根本、先进技术为支撑、创新管理为保障的新的全媒体传播体系。

作为信息传递的"最后一公里",县级融媒体中心是整个传播体系的重要组成部分。2020 年,我国共建成两千多家县级融媒体中心,基本实现全国全覆盖。县级融媒体中心是基层主流媒体,功能是引导群众和服务群众,其传播能力的提升有助于社会治理功能的实现。而作为县级融媒体中心传播能力的一个组成部分,科技传播能力也至关重要。尤其是近年我国科技发展迅猛,与之相应的科技传播需求也日益增加。县级融媒体中心如何开展科技传播,引导公众了解科学、参与科学是助力基层治理与提升公民科学素质的重大问题。

本书着力于构建县级融媒体中心的科技传播能力评价指标体系并对其科技传播情况进行评价,旨在全面反映目前我国县级融媒体中心的科技传播概貌,发现其在建设和科技传播中存在的问题,以进一步提升县级融媒体中心的科技传播能力,最终实现助力基层治理与提升我国公民科学素质的目标。

全书共分为五篇,包含九章内容。五篇分别为基础篇、评价篇、数据篇、结论篇和建议篇。绪论对研究背景、研究目的和意义、研究方法及概念界定做了整体的介绍。基础篇包括两章内容:第一章为文献综述,围绕县级融媒体中心科技传播评价,对近年来县级融媒体中心、科技传播、传播力等方面的文献进行了全面的收集和分析；第二章采用扎根理论方法，对县级融媒体中心科技传播影响因素及机理进行研究。评价篇包括三章内容：第三章构建县级融媒体中心科技传播能力评价体系；第四章评价数据的获取；第五章依据评价体系，对县级融媒体中心科技传播能力进行评价。数据篇包括两章内容：第六章为2021年县级融媒体中心新媒体科技传播数据分析；第七章为2022年县级融媒体中心新媒体科技传播数据分析。第八章为结论篇，主要通过前面的研究来总结一些存在的问题。第九章为建议篇，针对提升县级融媒体中心科技传播能力提出了相应的对策建议。

从《媒介·科技·传播：大众传媒科技传播现状研究》到《融媒体科技传播实践研究》，再到这本《县级融媒体中心科技传播评价研究》，我们在媒体的不断发展变化中，一步一个脚印，探索的步伐从未停歇。本书对县级融媒体中心科技传播能力的评价研究是具有创新性的，不仅建立了评价指标体系，还通过各种方法获取大量数据，完成了对县级融媒体中心进行评价的基本目标。其间我们遇到很多困难和问题，也存在一定的不足之处，欢迎大家批评指正。随着县级融媒体中心的不断发展，我们也会不断修正评价指标体系，以便更好地对评价目标进行评价。

最后，衷心感谢东北大学任嵘嵘、喻春阳、陈秉塬、高淑环等老师，以及张鑫、路颖、石云汇、王艺颖、王佳琦等同学为本书提供的大力支持和帮助！

作　者
2024年11月

目 录

序 /i

绪 论
    一 研究背景 /001
    二 研究目的和意义 /004
    三 研究方法 /005
    四 概念界定 /006

第一章 文献综述
    一 县级融媒体中心研究综述 /011
    二 科技传播研究综述 /016
    三 传播力研究综述 /018
    四 县级融媒体中心科技传播研究 /025

基础篇

第二章 县级融媒体中心科技传播影响因素及机理研究
    一 研究设计 /026
    二 范畴挖掘与提炼 /030
    三 模型构建与解析 /035
    四 结论 /038

评价篇

第三章　县级融媒体中心科技传播能力评价体系构建
- 一　评价体系构建的前提和基础　/041
- 二　评价体系的构建思路　/044
- 三　评价体系的设计原则　/046
- 四　评价指标体系　/047

第四章　数据获取评价
- 一　评价对象选择　/050
- 二　全国县级融媒体中心渠道端口梳理　/051
- 三　县级融媒体中心传统渠道数据获取　/052
- 四　县级融媒体中心新媒体渠道数据获取　/054
- 五　新媒体数据预处理　/060
- 六　新媒体数据文本量化　/062

第五章　县级融媒体中心科技传播能力评价
- 一　县级融媒体中心科技传播评价问题描述　/066
- 二　评价方法选择　/068
- 三　评价方法的理论背景　/069
- 四　评价的基本思路　/071
- 五　县级融媒体中心科技传播能力评价模型的建立　/072
- 六　评价结果　/084

数据篇

第六章　2021年全国县级融媒体中心新媒体科技传播数据报告
- 一　数据来源及情况说明　/093
- 二　县级融媒体中心新媒体科技传播概况分析　/095
- 三　科普示范县与非科普示范县融媒体中心科技传播情况对比分析　/100
- 四　县级融媒体中心重大科普活动传播情况分析　/104
- 五　县级融媒体中心十大科普事件新媒体传播情况分析　/110

数据篇

第七章 2022年全国县级融媒体中心新媒体科技传播数据报告
- 一 数据来源及情况说明 /118
- 二 县级融媒体中心新媒体科技传播概况分析 /121
- 三 科普示范县与非科普示范县融媒体中心科技传播情况对比分析 /135
- 四 县级融媒体中心重大科普活动传播情况分析 /139
- 五 县级融媒体中心十大科普事件传播情况分析 /144
- 六 县级融媒体中心新媒体科技传播能力分析 /151

结论篇

第八章 研究发现
- 一 传播渠道 /169
- 二 传播内容 /171
- 三 传播效果 /174
- 四 区域观察 /175
- 五 特别发现 /176
- 六 存在的问题 /177

建议篇

第九章 提升县级融媒体中心科技传播能力的对策建议
- 一 加强顶层政策引导，强化县级融媒体中心科技传播责任意识 /183
- 二 明确传播定位，赋能平台与业务 /184
- 三 加强科普资源的建设和使用，提升县级融媒体中心科技传播能力 /185
- 四 创新传播形式，完善县级融媒体中心科技传播矩阵 /185
- 五 加大县级融媒体中心和各级科协及其他部门的合作意识和力度 /186

建议篇

六 引入标准思维,促进融合与协同发展 /186

七 加强评估问效,推动县级融媒体中心科技传播新发展 /187

八 加强队伍建设,培养新型全媒体人才 /187

附录 县级融媒体中心科技传播能力调查问卷 /188

绪 论

随着我国科学技术迅猛发展,媒体形态也日益丰富。层出不穷的新媒体形式打破了各类不同媒体间的壁垒,媒体融合正在逐步深化,全新的媒体格局已经形成。作为信息传递的"最后一公里",县级融媒体中心是整个传播体系的重要组成部分,对科技传播具有十分重要的作用。

一 研究背景

(一)全媒体传播体系

2014年8月18日,中央全面深化改革领导小组第四次会议审议通过了《关于推动传统媒体和新兴媒体融合发展的指导意见》。习近平总书记的多次重要讲话和党中央有关会议文件对该项内容进行了深入阐释。《关于推动传统媒体和新兴媒体融合发展的指导意见》将媒体融合上升为国家战略,对新形势下如何推动媒体融合发展提出了明确要求和具体部署,是我国媒体融合的起点。随后,又围绕"建成什么样"和"应该怎么建"等重要问题提出明确要求,即建立"现代传播体系"。2018年习近平总书记再次提出:要构建全媒体传播格局,不断提升传播力、引导力、影响力、公信力,为实现"两个一百年"奋斗目标、实现中华民族伟大复兴的中国梦作出新的更大贡献。这进一步明确了"全媒体传播格局"的定位与要求。

2020年《关于加快推进媒体深度融合发展的意见》中提出了建立以内容建设为根本、先进技术为支撑、创新管理为保障的全媒体传播体系。这使得我国媒体融合在宏观结构层面的目标日益清晰。2020年11月3日发布的《中共中央关于制定国民经济和社会发展第十四个五年规划和二〇三五年远景目标的建议》中强调要"推进媒体深度融合,实施全媒体传播工程,做强新型主流媒体"。从"全媒体传播体系"到"全媒体传播工程"看似只有两字之差,"工程"更强调实施和落地。[①] 这标志着我国媒体融合国家战略已从"谋篇布局"阶段,进入"检验成效"阶段。

(二) 县级融媒体中心

2018年8月,习近平总书记在全国宣传思想工作会议上提出"扎实抓好县级融媒体中心建设"。同年9月,中宣部县级融媒体中心建设现场推进会确立了"时间表"和"任务书"。自此,以中央顶层设计的方式"自上而下"地强力推进县级融媒体中心建设。在各级党委和政府的协力支持下,到2020年底我国两千多个区县已经完成了"挂牌组建"工作。

《中共中央关于制定国民经济和社会发展第十四个五年规划和二〇三五年远景目标的建议》提出"建强用好县级融媒体中心"。如何壮大实力来"建强",如何提升效能来"用好",是县级融媒体中心"下半场"常态化建设的重点。

挂牌组建县级融媒体中心只是万里征途的第一步,如何将其做大做强、高效运转,成为县域的"四全媒体",才是摆在县级融媒体中心面前的长期考验。建强县级融媒体中心不仅需要对内进行系统化建设,同时对外也需要系统化发展。主要需要加强三个方面的建设:一是基础建设。要在软硬件如场地、设备、设施、资金和人员编制等方面全方位进行提升。二是意识方面的提升。县级融媒体中心作为新兴的媒体,在服务意识、传播意识等方面都要与时俱进,有所改变。三是机制建设。内部机制改革和外部媒体矩阵建设应进一步加强,让县级融媒体中心有持续运转能力。

---

① 耿磊.实施全媒体传播工程 加快推进媒体深度融合发展[J].新闻战线,2020(24):78-81.

而如何用好县级融媒体中心是建强的同时需要思考的问题。用好包括两部分，一是在哪里用。县级融媒体中心作为全媒体传播体系中的重要一环，在打通党和基层群众信息沟通"最后一公里"、弘扬地方文化、展示县区形象、连接政府和基层百姓中发挥了县域综合服务枢纽的作用，其优点不言而喻。渠道建立了之后，要和哪些行业相结合，在哪些领域使用，需要进一步思考与细化。二是基准如何。只有基准明确，才能谈用得更好。这将涉及更加复杂的融媒体中心运行过程追踪、运行领域跟踪、运行效果评价，也是未来县级融媒体中心建设的重点。

（三）科技传播

科技是社会前进的驱动性力量，科技传播是科技知识社会化的助推器。提高科技传播能力，不仅对科学技术发展本身不可或缺，对社会经济发展也具有举足轻重的意义。随着新媒体和自媒体的不断涌现，传统的科技传播越来越难以满足公众的现实需求，急需改革和创新。媒体的变迁与融合在其中起到了不可替代的作用，媒介融合给科技传播提供了全新的表现形式和展示空间。

为有效融入全媒体格局的建设，占领新的科技传播阵地，促进科普工作高质量发展和公民科学素质全面提升，国家出台了一系列政策举措和战略部署。《全民科学素质行动规划纲要（2021—2035年）》中提出了五项重点工程，其中科普信息化提升工程提出了"实施全媒体科学传播能力提升计划"，明确提出要实现科普内容多渠道全媒体传播，引导主流媒体加大科技宣传力度，增加科普内容，增设科普专栏，大力发展新媒体科学传播等内容。《关于新时代进一步加强科学技术普及工作的意见》中对不同科普主体的责任予以明确，提出各类媒体要发挥传播渠道重要作用。广播、电视、报刊、网络等各类媒体要加大科技宣传力度，主流媒体要发挥示范引领作用，增加科普内容。各类新兴媒体要强化责任意识，加强对科普作品等传播内容的科学性审核。[①] 在多重政策的推动下，如何实现科技（普）内容全媒体传播以提升科技传播能力，无疑是科普领域与传播领域应该共同思考的重要议题。

就科技传播本身来看，其时代使命就是使科学和公众互相理解，架起双方沟通的桥梁。全媒体时代科技传播具有主体多元性、传播内容广泛性、传播渠道多

---

① 常凌翀.县级融媒体中心建设发展研究综述[J].当代电视，2019(3):96-98.

样性等特征,媒体变革在促进科技传播快速发展的同时,也为其带来了一定的困扰,如主体的多元性导致科技传播中出现很多噪声、负能量和谣言;传播内容在正确性和通俗性之间平衡的问题;公众个性化需求和传播内容大众化引领问题等。如何依托县级融媒体中心的潜力和优势开展科技传播,加大优质科普资源的供给与下沉,充分发挥县级融媒体中心的传播力、引导力、影响力、公信力,促进公民科学素质提升是重要的议题和国家现实需求问题。

二　研究目的和意义

近年来,我国科技发展迅猛,与之相应的科技传播需求也日益增加。作为全媒体传播格局中的重要一环,县级融媒体中心如何开展科技传播,引导公众了解科学、参与科学是助力基层治理与提升公民科学素质的重大问题。

从理论层面来看,目前针对县级融媒体中心科技传播的理论研究较少,对其系统的评价研究基本还是空白。本书以中国当前媒体深度融合转型期背景下的县级融媒体中心作为研究对象,从科技管理的视角探讨县级融媒体中心科技传播评价这一主题,力图结合实际情况,深层次剖析县级融媒体中心科技传播能力的构成、影响因素及影响机理,建立县级融媒体中心科技传播能力评价的框架,并对全国县级融媒体中心科技传播情况进行评价。这不仅能填补相关研究的空白,也为县级融媒体中心开展科技传播提供了理论支撑。同时,还拓展了科技传播的理论想象和应用场景,以交叉融合的视角,完善新时代科技传播研究的理论框架和方法体系,弥补以往研究仅聚焦于要素分割开展分析的不足。

从应用层面来看,首先,本书以县级融媒体中心传播能力评价指标体系为引导、评价结果为依据,积极探索县级融媒体中心在科技传播中存在的问题与不足,为县级融媒体中心科技传播能力的提升提供相应的数据支撑。其次,本书探讨了县级融媒体中心采取哪些方式可以使科技传播更活跃、传播质量更高、传播效果更好等问题,对于通过县级融媒体中心进行科技传播,助力乡村振兴,助力公民科学素质提升具有积极意义。最后,为国家从宏观政策层面促进科技传播与媒体深度融合提供对策建议,为制定政策和优化实践提供一些启示。

因此，本书无论是从理论还是从实践来说，都具有重要的价值和意义。

三　研究方法

根据研究问题和内容需要，本书主要采用以下几种研究方法：

文献研究法。广泛查阅国内外文献资料，跟踪了解县级融媒体中心科技传播的状况。掌握期刊与会议论文、研究报告、经典著作等文献材料，并进行了梳理、归纳、对比与总结评述等工作，且在县级融媒体中心、科技传播、传播力等方面借鉴、整合甚至调整、扩充相关理论，为本书研究内容的顺利开展提供重要与坚实的理论支撑。在后续进行案例分析时，也能够保证文章遵循理论、模型、数据一致性，及时与理论进行对话，增强研究发现的科学性和理论意义，同时也能够丰富、补充现有理论，提出新的理论框架。

案例分析法。结合文献资料通过对案例进行分析，得出事物一般性、普遍性规律的研究方法，兼具描绘、阐释和探索三方面特点。案例分析法主要应用于对不同融媒体环境下科技传播案例的梳理和分析，在理论分析和数据分析的基础上，分别系统地归纳了影响因素和影响机理，为政策落地、传播效率提高提供支撑。

访谈法。因研究问题的性质、目的或对象的不同，访谈具有不同的形式，主要分为结构化访谈和非结构化访谈。该方法主要运用于对县级融媒体中心案例的资料收集。

问卷调查法。数据获取采用问卷调查法，收集各个县域的科技传播状况，结合测量指标开发问卷。传统媒体的数据主要由问卷调查获取。

数据抓取法。新媒体（微信、微博、抖音等）数据获取采用数据抓取的方法。分端口对新媒体数据进行获取、清洗、分类与校准，是评价所需数据的主要来源。

多属性决策法。对于不同来源、不同渠道、不同格式的数据进行评价，采用多属性决策法。同时进行方法创新，为县级融媒体中心科技传播发展水平评价提供支撑。

专家意见法。专家意见法是在定量和定性分析的基础上，采用评分等方法进行定量评价,并用数理统计方法对评价结果进行表征。

四　概念界定

(一) 县级融媒体中心

县级融媒体中心具有双重属性,不仅是组织机构,也是传播渠道。就组织机构而言,县级融媒体中心是一种新型的传媒单位。它是由县一级成立的一个宣传机构,将县原有的广播电视台、县党报、县属网站等媒体单位纳入其中,整合为县级党委政府唯一的宣传单位。县级融媒体中心在本地归口县委宣传部门管理。因此,"县级融媒体中心"不是传媒单位在市场规则下自由兼并整合而成的经济产物,而是在国家体制和统一改革布局下建立的县级新型传媒单位。就传播渠道而言,县级融媒体中心是一种新型传播渠道。它是整合了县域内报刊、广播电视、新闻网站、新型媒体等多种形态传播媒介并具有主流舆论阵地、综合服务平台、社区信息枢纽等多种功能的新型信息传播平台。①

(二) 县级融媒体中心科技传播

县级融媒体中心科技传播是"媒体生态体系"和"业务生态体系"相互融合的结果。就县级融媒体中心而言,科技传播是其传播内容垂直化的体现;就科技传播而言,县级融媒体中心是其在新时代下开展传播的新渠道。

县级融媒体中心成功将县域公众紧密联系起来,以达到巩固基层思想阵地的目的,具有以下两个属性:第一,具有媒介认同与科学认同的属性。县级融媒体中心的定位是重塑主流媒体的身份,进一步提升主流媒体的公信力与引导力。科技传播公信力与引导力也是其重要内容,从这两方面来看,依托县级融媒体中心开展的科技传播在公信力与引导力方面具有天然的契合性。第二,具有政治认同与区域认同的属性。县级融媒体中心科技传播不能仅仅被视作科技传播领域下的

---

① 苗壮.媒体融合背景下中国传媒业态变化探究[J].新闻研究导刊,2020,11(6):224-225.

微观问题,其还具有新闻媒体借助信息传播与公共服务的途径来实现治理的功能[①],是国家立足于地方科技传播现状的统筹安排,具有深远的战略意义。科技传播的功能在于用科技赋能基层社会治理,达到科技助力区域经济发展的效果。因此,县级融媒体中心与科技传播在建设方向、思路和措施等方面具有天然的一致性。[②]

(三) 县级融媒体中心科技传播能力

县级融媒体中心科技传播能力是指:县级融媒体中心能有效整合科技传播力量,充分利用多元媒体传播形式,高效配置科技信息资源进行传播的能力。

---

① 中国社会科学网.县级融媒体传播力探究[EB/OL].(2021-04-08)[2022-06-08].https://baijiahao.baidu.com/s?id=1696433323120948880&wfr=spider&for=pc.

② 方提,尹韵公.论县级融媒体中心建设的重大意义与实现路径[J].现代传播(中国传媒大学学报),2019,41(4):11-14.

基础篇

文 献 综 述

围绕县级融媒体中心科技传播评价,本书对近年来县级融媒体中心、科技传播、传播力等方面的文献进行了全面的收集和分析。

县级融媒体中心研究综述

县级融媒体中心是近年来在我国方针政策指导下建立起来的具有中国特色的传播矩阵中的重要一环。截至目前,国外有关县级融媒体中心的研究成果并不多见。而我国在政府主导下,对县级融媒体中心的建设如火如荼,相关研究也在理论界和实践界全面展开。从2017年至2023年10月,以中国知网数据库(CNKI)作为文献来源进行分析,以"县级融媒体"为主题和关键词,共检索到4706篇文章。从文献数量来看,自2018年国家提出县级融媒体中心建设后,文献数量迅速增加,2018年为285篇,2019年为1077篇,2020年为1055篇,2021年为967篇,2022年为781篇,2023年为531篇。

当前,媒体管理人员、媒体从业者、高校教师、媒体研究相关专业学者对县级融媒体中心建设做了大量深入分析,为县级融媒体中心的发展和研究提供了良好的学术积淀和路径指导。研究主要可以归纳为宏观、中观、微观三个不同的层面。

(一) 宏观层面

宏观层面的研究主要是针对县级融媒体中心建设的顶层设计与战略对策进行的研究,包括县级融媒体中心的建设意义、发展方向、核心功能与建设目标四个方面。

① 县级融媒体中心的建设意义。2018年11月,中央审议通过《关于加强县级融媒体中心建设的意见》,开始在国家体制和统一改革格局下建立县级新型传媒单位。县级融媒体中心建设是习近平治国理政思想落实到基层的重大举措。建设县级融媒体中心,推进县级媒体融合发展,对于巩固基层政权,凝聚百姓人心,服务千家万户,汇集思想共识,夯实政权基础,加速乡村振兴战略进程,加快提升城镇化率,促使广大乡村精神脱贫、文明脱贫,推动全面建成小康社会的早日实现有着不可替代的重大意义。

② 县级融媒体中心的发展方向。朱春阳在县级融媒体建设初期就明确了县级融媒体中心的建设方向与关键任务,认为县级融媒体中心建设的提出是我国以行政力量主导的自上而下的媒介融合的新阶段。此阶段处于行业边缘地带的县级媒体进入政策关注的焦点区域,获得政策扶持的发展机遇。县级融媒体中心作为新型主流媒体建设的发展方向与实现路径,要落在解决"引导群众"和"服务群众"两个层面[①],要回到区县媒体层面建设融媒体中心和要落到新型主流媒体的时代定位的层面去思考[②]。

③ 县级融媒体中心的核心功能。宋建武认为,县级融媒体中心的功能和作用可以归纳为主流舆论阵地、综合服务平台和社区信息枢纽。[③] 栾轶玫认为,县级融媒体中心的建设应该是信息传播和公共服务的媒介融合和功能融合。[④] 郭全中认为,县级融媒体中心不仅要发挥其主流舆论的阵地功能、社区信息枢纽功能和综合服务平台功能,同时还应该集结现代传播、政务服务、社区信息、智慧城

---

① 朱春阳.县级融媒体中心建设:经验坐标、发展机遇与路径创新[J].新闻界,2018(9):21-27.

② 朱春阳.县级融媒体中心建设的任务、核心问题与未来方向[J].传媒评论,2018(10):9-12.

③ 宋建武.构建全媒体传播体系的实践路径[J].传媒评论,2021(2):13-16.

④ 栾轶玫.把握媒体融合高质量发展的新契机[J].青年记者,2021(7):4-5.

市等诸多功能,真正成为当地治理能力大幅度提升的核心平台。①丁和根对核心功能,尤其是"引导"与"服务"功能进行了明确的界定,提出"引导"是指县级融媒体中心充分发挥媒体融合传播的优势,利用日常新闻报道、专项任务宣传和重大突发事件处理,对地方公众的态度、情感、意见、观念及行为进行影响和引领;而"服务"是指县级融媒体中心依托其特殊的身份和属性向社会公众提供能够满足其生存与发展的多种需求的行为,是广义上的公共服务。②

④ 县级融媒体中心的建设目标。谭天指出,县级媒体深度融合不是最终目的,转型升级才是根本。融媒关键是移动社交,融媒三大路径是重建用户关系、响应用户需求、增强用户黏度。实现有效传播的关键在于真正连接用户,体现政务商务一体化才能发挥喉舌功能。融合与转型要实现三个转变:话语方式、思维模式、思想观念的转变。③

(二) 中观层面

中观层面的研究主要包括探索县级融媒体中心建设的现实困境、实现路径和效果评价三个方面。

① 现实困境。谢新洲对县级融媒体中心建设中的六个关键问题进行了剖析。一是定位,是"事业编制"还是"公司机制";二是内容建设,是"媒体+"还是"互联网+";三是可持续发展,是"输血"还是"造血";四是媒体关系,是"分蛋糕"还是"做蛋糕";五是技术建设,是"自建"还是"他建";六是人才,是"为我所有"还是"为我所用"等核心问题。④这些问题是县级融媒体中心建设的核心,只有明确了这些问题,才能使县级融媒体中心建设走得更为长远。

② 实现路径。陈国权提出了县级融媒体中心机制改革的五个着力点,分别是整合资源、整合机构、优化流程、做实绩效、争取扶持。⑤李婷从"媒体+"角度提

---

① 郭全中.媒体深度融合的"大融合"思路及实施关键[J].现代传播(中国传媒大学学报),2022,44(9):1-7.
② 丁和根.县级融媒体中心核心功能的实践路径与保障条件探析[J].南京师范大学学报(社会科学版),2020(4):130-139.
③ 谭天.移动社交:构建县级媒体融合新平台[J].中国记者,2018(10):64-67.
④ 谢新洲.县级融媒体中心建设关键问题剖析[J].新闻战线,2020(1):46-49.
⑤ 陈国权.县级融媒体中心机制改革的着力点[J].中国记者,2019(4):71-74.

出了县级融媒体中心应从"党性""用户""本土"三个关键词入手,把媒体变为平台,把资讯变为服务,把读者变为用户,探索县级媒体从单一的新闻宣传向综合性的公共服务领域转变的路径。① 朱良志认为,在提升县级融媒体中心传播力时应建立以公众为导向的内容生产机制,形成以效果达成为目标的传播保障体系。② 孙云龙认为,全媒体时代传播规律出现了新变化,科技传播面临全新挑战,应从人才、内容、效果等方面重新塑造包含融媒体在内的科技传播新生态。③ 邹定专从互联网思维切入,提出县级融媒体中心的内容生产路径。④ 丁和根就引导与服务的困境提出了相应的建议。⑤ 刘永坚、王子欣从县级融媒体中心技术平台建设提出建议。⑥ 张敏在研究尤溪县级融媒体中心影响力时明确了机构改革以及加大政策支持力度的重要性。⑦

③效果评价。传播评价是对科技传播在不同媒体上效果的有效检验。在评价体系方面,胡正荣提出,2020年是2.0版县级融媒体中心建设的开端,其后期的建设效果可从自主平台建设、中心定位、功能聚合和数据生产四个方面作为检验融媒体中心建设成效的重要着力点。⑧ 熊钧琦对县级融媒体中心较为抽象的传播效力进行评价,同时从物理空间、技术平台、人员配置等方面进行指标构建,运用层次分析法(AHP),采取定性和定量分析相结合的研究方法开展评价⑨。徐思璐以绩效棱柱模型为框架,构建了县级融媒体中心绩效评价指标体系,并运用层次分析法设置各项指标权重与案例验证。⑩ 曾培伦、朱春阳聚焦用户与融媒体中

---

① 李婷.县级融媒体中心内容生产与"新闻+"模式探析[J].东南传播,2019(10):38-40.
② 朱良志.县级融媒体中心如何提升传播力[J].青年记者,2020,80(36):58-59.
③ 孙云龙.全媒体时代科技传播面临的挑战与破局[J].青年记者,2021,80(4):56-57.
④ 邹定专.互联网思维在县级融媒体中心内容生产中的应用[J].东南传播,2021(9):50-51.
⑤ 丁和根.县级融媒体中心核心功能的实践路径与保障条件探析[J].南京师范大学学报(社会科学版),2020(4):130-139.
⑥ 刘永坚,王子欣.县级融媒体中心技术平台建设的模式及发展建议[J].传媒,2022(11):32-35.
⑦ 张敏.县级融媒体中心提升传播力的"尤溪模式"[J].传媒,2020,22(20):72-74.
⑧ 胡正荣.打造2.0版的县级融媒体中心[J].新闻界,2020(1):25-29.
⑨ 熊钧琦.县级融媒体中心传播力评价指标体系研究[D].南昌:江西师范大学,2019.
⑩ 徐思璐.县级融媒体中心绩效评价指标体系研究[D].贵阳:贵州大学,2020.

心的互动关系,从"可供性"的认识论出发对县级融媒体中心建设评价的理念进行修正,进而完成融媒体中心纵向和横向两个维度的评价,以"可供性"为准绳"用好"县级融媒体中心。① 刘燕南、张雪静对内容力、传播力、互动力拓宽了指标深度,构建了三级评价指标体系,同时采用德尔菲法和层次分析法进行指标权重处理。央视市场研究公司(CTR)的媒体融合效果评价体系将评价重点聚焦传统媒体的新媒体布局。官微、官方公众号、自有APP、官网和第三方平台传播力为五大一级指标;通过粉丝规模、活跃粉丝规模、关注规模、总阅读量、下载量、用户总数、访客规模等要素,最终确定了五大指标权重。人民网推出的"媒体融合传播指数指标体系",以及不少县级融媒体中心所采用的第三方数据公司清博智能的BCI、WCI传播指数等,主要包含新闻发布数和"阅转赞评"等流量数据的统计。张宇、任福兵基于AHP-熵权法进行了智库网络传播力评价研究。以上研究或重视大数据抓取和指标体系的构建,或重视量化客观评价模型。

(三) 微观层面

微观层面主要通过对经典案例的分析,阐述县级融媒体中心的发展模式、技术驱动、用户需求等。

① 聚焦发展模式。李彪总结了针对县级融媒体中心建设发展的"广电+报业"的中央厨房模式、以广电为先导的移动传播矩阵模式、组建县域传媒集团模式、"搭天线"借力省级媒体云平台模式。② 同时厘清了县级融媒体中心建设的理念、内容、平台、场景、营销、盈利、关系七项内容。张昕欣在分析县级融媒体中心的优势基础上,总结了县级融媒体中心的"战疫"模式,发挥了坚定抗疫信心、普及防控知识、营造娱乐氛围等功能。为进一步梳理县级融媒体中心在特定领域的传播提供了借鉴。

② 聚焦技术驱动。马龙、白秀艳等从5G时代技术发展层面进行思考,分析了技术对县级融媒体中心建设的驱动作用。凡闻科技提出"大数据+人工智能+

---

① 曾培伦,朱春阳.可供性框架下县级融媒体中心建设效果评价体系创新[J].新闻与写作,2022(9):100-110.
② 李彪.县级融媒体中心建设:发展模式、关键环节与路径选择[J].编辑之友,2019(3):44-49.

云服务"的创新模式,从技术层面为县级融媒体中心的建设提供参考。郭琳提出5G+产教融合,作为民族地区县级融媒体中心可持续发展的创新路径。

③聚焦用户需求。田龙过提出打通与用户的"最后一公里"是县级融媒体建设的关键内容。高春艳以用户为中心,深度了解基层公众,内容生产立足本土,贴近基层群众需求,运用基层群众喜闻乐见的表达方式和话语风格,加强与用户的互动,倾听民意,提供良好的党建服务、政务服务、公共服务,开发增值服务,从而实现"引导群众,服务群众"的目标。①安岚提出充分发挥主流信息传播、用户参与生产内容和服务广大用户的三大媒介平台功能,是解决县级融媒体打通服务群众"最后一公里"的重要路径。②

二 科技传播研究综述

关于科技传播,学者们进行了许多相关研究,不同的学者也发表了不同的见解,归纳为以下几个主要方面。

(一)科技传播的关键要素

从传播主体划分上看,科技传播在科学界内部传播、在社会公众之间传播,以及科学在文化之间传播三个层面都能够贯彻"传播"理念。也就是说,科技传播的目的是向公众传播科学技术知识,搭建科学技术与社会之间的桥梁,促进学术交流,促进公众科学素质提升,促进科学技术发展。与其他信息传播相比,科技传播有自身的特性。从传播目的上看,由于科技传播的目的是实现科技知识的交流和共享,科技传播追求社会效益大于经济效益。从传播内容上看,科技信息除了具有一般信息的特征外,更加注重科学性和专业性,这是科技信息的本质特征,而与一般信息追求时效性不同,科技信息可能是某一学科领域的组成部分,受时效性影响较小。从信息价值上看,科技信息承载的是科技知识,通过科技成果转化、劳

---

① 高春艳.用户思维视域下的县级融媒体中心发展探讨[J].西部学刊,2019(2):89-92.
② 安岚.用户思维语境下县级融媒体中心的平台功能[J].河池学院学报,2020,40(5):100-104.

动者科学素质提升等途径,可以提高生产力水平,产生附加价值。

(二) 科技传播的价值导向

传播效果具有双重定义:第一,它是指带有说服动机的传播行为在受传者身上引起的心理、态度和行为的变化;第二,它是指传播活动尤其是报刊、广播、电视等大众传播媒介的活动对受传者和社会产生的一切影响和结果的总和。[①] 科技传播的效果体现在公众群体对科技信息的接受程度,即公众是否能从中得到正确指引,并从行为上发生良性改变。

科技传播的行为,是要在科技领域内填补个人的知识盲区、纠正知识误区,形成对科学技术的普遍、正确认知,促进学术交流,提高公众的科学素质,是人类文明发展的根基。而舆论的概念是指在一定社会范围内,消除个人意见差异,反映社会知觉和集合意识的、多数人的共同意见或态度。[②] 从这个角度来看,科技传播除了本身能够创造的价值,其传播内容也属于主流舆论的一种,是不可忽视的重要舆论阵地。[③]

(三) 科技传播的主要环节

在科技传播过程中,首要目的是让更多的公众能够便捷地接触到传播内容,这就要求科技传播主体应使用最先进、传播效率最高的媒介。其次是让公众相信并接受传播内容,这要求科技传播的信源媒体具备专业性和权威性,能够带来舆论主导权和社会公信力,形成品牌效应,赢得公众信任。最后是通过传播行为改变公众认知,从而改变公众行为,也就是要让公众学懂、弄通并将接收到的信息应用到生活和工作中。这要求科技传播的形式要更加灵活,针对不同层次和需求的公众,提供量身定制的模式。这三个传播步骤,每一步都会影响科技传播的传播效果。最关键也是最核心的是第二步,即确保传播内容的专业性和权威性。科技传播所传播的科学知识,如果存在不严谨甚至虚假的情况,会造成公众认知上的错误,严重时,如错误的医学知识或防灾抗灾知识,一旦传播出去并被人接受,可能

---

① 郭庆光.传播学[M].北京:中国人民大学出版社,2001.

② 景茂.新编公共关系教程[M].北京:北京大学出版社,2005.

③ 邹冰洋.运用融媒体发展理念提升科技传播效果[J].今日科苑,2021(10):41-47,58.

造成人身健康和重大财产损失,产生极其恶劣的社会影响。从这个角度来看,严谨、专业的内容生产在科技传播中是最核心的环节。

三 传播力研究综述

(一)传播力定义相关研究

有关传播力的研究不在少数,但缺乏统一的界定,不同的学者对其进行了不同的解读。有学者从概念内涵的角度把传播力定义分为能力说、力量说、效果说和综合说四种理论。归纳如下:

1. 能力说

"能力说"是将媒体作为传播者的角度进行的解读,它并不刻意强调是哪一个传播主体,而是强调媒体传播的能力。传播力在能力说视角下的定义如表1.1所示。

表1.1 传播力在能力说视角下的定义

序号	作者	定义
1	刘建明	传播力是指媒体进行信息搜集、新闻报道并影响社会的能力[①]
2	张春华	传播力是大众传媒本质职能的彰显,是一种到达公众、影响社会、充分发挥社会功能的能力[②]
3	程曼丽	所谓传播力就是传播主体充分利用各种手段,实现有效传播的能力[③]
4	丁柏铨	传播力是实现传播有效覆盖,使新闻信息顺利传递给公众的一种能力[④]

---

① 刘建明.当代新闻学原理[M].北京:清华大学出版社,2003.
② 张春华.传播力:一个概念的界定与解析[J].求索,2011(11):76-77.
③ 程曼丽.北大新闻与传播评论:第九辑[M].北京:北京大学出版社,2014.
④ 丁柏铨.新时代,党报改革再出发[J].新闻战线,2018(11):40-43.

2. 力量说

"力量说"认为,传播力是一种媒体自身的实力,本质上就是"传播的力量"。"力量说"与传播力研究密切相关,是传播力研究的重要方面,但二者并不等同。传播力在力量说视角下的定义如表1.2所示。

表1.2 传播力在力量说视角下的定义

序号	作者	定义
1	郭明全	传播力就是竞争力[①]
2	Manuel Castells	随着传播技术革命的发展,大众传媒已成为政治经济力量角逐的场域,那些能够理解并控制传播的人掌握着力量[②]
3	陆地	媒体传播力是一种硬实力,是一种引导力,也是一种生产力[③]
4	张梦晗	传播力是一种影响社会的软实力[④]

3. 效果说

"效果说"强调传播行为产生的影响。这一流派认为,传播力体现在媒体对公众思想产生影响的能力上。然而目前大多数学者认为,传播效果是传播力的主要表征,是考察传播力的一个关键因素,并不能用来定义传播力。传播力在效果说视角下的定义如表1.3所示。

表1.3 传播力在效果说视角下的定义

序号	作者	定义
1	姚林	衡量媒体传播力的重要标准是效果,包括传播的广度和精度[⑤]
2	陈刚	传播力是个很有价值的标准,它的本质就是有效的传播[⑥]

---

① 郭明全.传播力:企业传媒攻略[M].南京:南京大学出版社,2006.
② Castells M. Communication power[M]. Oxford:Oxford University Press,2009:37.
③ 陆地.好新闻的背后[J].新闻与写作,2012(7):37-39.
④ 张梦晗.《新华日报》抗疫报道传播力研究:基于对三个独立结构单位传播力影响半径的考察[J].传媒观察,2020(5):25-31.
⑤ 姚林.大众媒体传播力分析[J].传媒,2006(9):20-21.
⑥ 陈刚.数字逻辑与媒体融合[J].新闻大学,2016(2):100-106,151.

续表

序号	作者	定义
3	张明、赵铭	大众媒体传播力的核心是媒体到达公众并产生一定范围的效果[①]
4	李劭强	传播效果是指传播行为带来的一切影响和作用的总和,传播效果可以在现实中转为说服和影响的力量,因此可以把传播效果称为传播力[②]

4. 综合说

"综合说"融合了以上两个或几个层面的含义,是较为广义和宽泛的界定。传播力在综合说视角下的定义如表1.4所示。

表1.4 传播力在综合说视角下的定义

序号	作者	定义
1	沈正赋	传播力是新闻媒体根据自身的业务水平和独特的传播方式,在实践中逐步探索形成对目标公众潜在影响的能力[③]
2	丁柏铨	不能把传播力简单理解为新闻媒体的传播力,政府机构部门及有关单位在相当程度上同样是主体[④]
3	张春华、温卢	对于社会组织而言,传播力更强调的是传播效果,即社会组织通过各种传播手段组合构建的形象是否与自身定位或期望相符的问题。因此,在对传播力进行研究的过程中,不能一概而论,而应根据传播主体的差异分而论之[⑤]

(二)传播力构成因素研究

优秀的传播力是舆论引导力、影响力和公信力的基础,也是媒介融合与媒体

---

① 张明,赵铭.直面媒体碎片化趋势[J].广告人,2010(6):173-176.
② 李劭强.媒体官微传播力的构建维度与实现路径[J].传媒,2016(7):47-50.
③ 沈正赋.新媒体时代传播力的影响要素及其建构路径[J].新闻战线,2018(13):37-40.
④ 丁柏铨.媒体融合的趋势、困境与创新路径[J].传媒观察,2018(5):11-17.
⑤ 张春华,温卢.重构关系:媒介融合背景下传播力提升的核心路径[J].新闻战线,2018(13):41-46.

转型成功的重要标准之一。

传播的信息量、传播速度与准确度、信息的覆盖面及影响效果构成传播力。①熊钧琦提出,县级融媒体中心传播力的研究应从"能力"和"效果"两个主要方面及"主动性""覆盖效果""用户关系"来衡量,进而评测县级融媒体中心的建设成效。②支庭荣认为,传播力可以从四个维度进行阐释:占领市场的能力;各种渠道终端的覆盖率;实际传播效果即用户真正的触及率;间接结果,即用户转化率。而引导力不仅仅指媒体开展新闻宣传,还包括媒体承担舆论引导、舆论监督的责任。③主流媒体的传播力和影响力、引导力都呈正相关。从公信力来看,媒体是否权威,是否杜绝出现虚假信息,是否为首选媒体等,都应成为媒体公信力的重要指标。吴博军等表示,融合传播力主要是由媒体信息传播的到达率和接受率来决定的。其中,接受率主要由内容决定,包括内容质量、传播话题性、时效性等。④在重大突发事件中,媒体是否能做到信息及时、准确发布;出现虚假信息时,是否能及时站出来以正视听,是否有足够的审核把关能力等,都是衡量公信力的指标。引导力就是引导正面舆论,抑制负面效应。"四力"综合起来就是媒体的竞争力。肖珺则认为,传播力是基于传播能力而形成动态发展的社会权力结构,其与其他各力的关系建构是具有中国特色的话语体系,目标在于通过打通传播关系重建社会连接③。武志勇认为,党报的绝对优势是公信力,此外,党报还拥有重大新闻的独发、早发优势和舆论监督优势,积极发挥优势,能不断扩大媒体融合传播力、影响力和引导力。⑤

(三) 传播力的评价方法研究

在早期的大众传媒时代,传播力评价多采取偏质性的调研,如在抽样的基础

---

① 谢念.互联网背景下的区域传播力提升研究[D].武汉:武汉大学,2015.
② 熊钧琦.县级融媒体中心传播力评估指标体系研究[D].南昌:江西师范大学,2019.
③ 金台资讯.金台论策:以评促建、评建结合增强媒体融合传播力[EB/OL].(2021-04-30)[2021-11-22]. https://baijiahao.baidu.com/s?id=1698450000456231060&wfr=spider&for=pc.
④ 吴博军,朱志,王志萍.论媒介融合背景下电视新闻传播新特点[J].传播力研究,2018(28):90.
⑤ 金台资讯.金台论策:以评促建、评建结合增强媒体融合传播力[EB/OL].(2021-04-30)[2021-11-22]. https://baijiahao.baidu.com/s?id=1698450000456231060&wfr=spider&for=pc.

上进行入户访谈、问卷调查、专家座谈、资料分析等。当然也结合了一定的数据调查,如报刊发行量、电视收视率等。然而,以上测量办法均较为粗放,评估体系也不够科学严谨,甚至由于操作不够透明和公开,为收视率、发行量造假等提供了空间。

进入互联网时代以后,技术倒逼信息公开的同时,也倒逼数据的透明和开放。简单来说,每一个页面、新闻、音视频的浏览量、点击量、转发量、评论数、在看数、停留时长、用户数量等都公开记录在案,无法隐匿;表征媒体勤勉程度的新闻发布数量、发布频次、推送周期、原创数量都可被软件技术敏锐捕捉,不可更改。大量数据可得、可用、可算。在此背景下,可以充分利用公开数据来进行传播力评价。

吴月红、陈明珠构建的主流媒体传播能力评价模型,基于传播者自身实力基础、信息传播能力、传播技术与政策环境,提出一级指标11项,二级指标28项。其中,"传播基础"与"传播能力"直接考量媒体实力,指标包括媒体产业实力、传播资源占有、信息生产能力、议程设置与框架能力等;"传播生态"则被视为影响媒体实力的外部因素而纳入考虑,指标包括政策法规、行业环境等。① 张春华基于"效果说"构建的大众传媒传播能力评价体系,有六个主要因素:覆盖率、接受度、核心传播力、社会认同、技术与方式及体制、政策及竞争,通过加权平均法计算。② 强月新等为了考察主流媒体传播力现状,对广东、湖北、贵州三省民众以问卷形式进行了调查。以"综合说"为理论依据设计的评估体系指标更多也更全面。例如,赵飞飞构建的衡量广播节目国际传播力的模型既选取公众侧传播效果指标,也选取媒体侧传播能力指标(内容产品制作量、原创新闻报道量、技术需求转化率、经营额、成本收益等),同时,评估体系还引入战略学习维度指标(员工对战略方案参与程度、获奖培训创新指标等),这一部分指标实际上反映的是媒体自身的学习实力,也属于媒体能力的一部分,用平衡记分卡理论对媒体传播力进行动态评估。③ 该

---

① 吴月红,陈明珠.中国语境下主流媒体传播力评估模型及指标体系的构建[J].安徽农业大学学报(社会科学版),2016(2):127-130.

② 张春华."传播力"评估模型的构建及其测算[J].新闻世界,2013(9):211-213.

③ 赵飞飞.国际传播力评估指标体系研究:以中国国际广播电台为例[J].国际传播,2017(2):24-30.

方法指标设计较为全面具体,且可以根据结果在媒体内部直接实现绩效管理,但需要媒体持续完整地进行数据收集统计,工作量较大。

由于国外传媒业属于商业组织,竞争激烈,其经济价值的衡量较受到重视,分销量和营业额是重要的指标。美国的皮尤研究中心每年会发布一份数字新闻发布会的年度报告,从公众(独立访客人数等)、收入(数字广告收入等)和投入(数字新闻从业人员数量等)三方面对媒体进行评估。

(四)传播力应用实例

从实际应用情况来看,一些案例也具有一定的参考意义。例如,中国科协建立的新媒体科学传播评价指标体系、人民网的国内媒体"两微一端"融合传播排行榜、全国市级文旅新媒体传播力指数、四川县级综合传播力指数等。

1. 科协系统:新媒体科学传播评价指标体系

中国科协结合科普信息化工作实际和科普中国传播推广情况,不断完善科协系统新媒体科学传播评价指标体系。评价体系的构建包括平台建设力、内容建设力、传播效果和科普中国资源使用度等4个一级指标、9个二级指标、26个监测项。

2. 人民网:国内媒体"两微一端"融合传播排行榜

人民网发布的全国媒体"两微一端"融合传播排行榜,通过统计各媒体在微博、微信、今日头条三个平台上发布文章的阅读数、转发数、评论分享数据来评价各媒体在移动平台上的发展状况、传播效果和影响。其中,通过"覆盖指数""传播指数""互动指数"3个一级指标来体现媒体融合传播力。

3. 全国市级文旅新媒体传播力指数

全国市级文旅新媒体传播力指数榜单包括微信传播力、微博传播力、头条号传播力、抖音传播力,以及新媒体综合传播力。

第一,新媒体综合传播力指数。由微信(40%)、微博(25%)、头条号(15%)和抖音(20%)这四方面的传播力指标构成。

第二,微信传播力指数。从整体(30%)、篇均(30%)、头条(30%)、峰值(10%)这四方面的传播力进行评价。

第三,微博传播力指数。从发博数、转发数、评论数、原创微博转发数、原创微博评论数等方面进行评价。

第四,头条号传播力指数。将每个账号在一段时间内的发文指标、传播指标、互动指标、扣分、原创指数进行加权,可以较客观地反映每个账号在某段时间的整体质量。

指数公式为

$$[A \cdot \ln(a+1) + B \cdot \ln(b+1) + C \cdot \ln(c+1) + D \cdot \ln(d+1) + E \cdot \ln(e+1) + F \cdot \ln(f+1)$$
$$+ G \cdot \ln(g+1) + H \cdot \ln(h+1) + I \cdot \ln(i+1) + Z \cdot \ln(z+1)] \cdot (j+k+l)/3$$

其中,各指标、代表及权重系数见表1.5。

表1.5 指数公式中各指标、代表及权重系数

指 标	代 表	权重系数
发文数	a	A
阅读数	b	B
图文收藏数	c	C
图文分享数	d	D
图文评价数	e	E
微头条点赞数	f	F
微头条评论数	g	G
微头条收藏数	h	H
直播评论数	i	I
涨粉数	z	Z
系统扣分系数	j	系统自动
系统原创系数	k	系统自动
账号评级得分	l	系统自动

第五,抖音传播力指数。计算公式为

$$A \cdot \ln(a+1) + B \cdot \ln(b+1) + C \cdot \ln(c+1) + D \cdot \ln(d+1) + E \cdot \ln(e+1) + F \cdot \ln(f+1)$$

其中,a为发布视频数,b为累计播放数,c为点赞数,d为分享数,e为评论数,f为涨粉数。

4. 四川县级综合传播力指数

采用大数据挖掘和分析技术,抓取微信、微博等平台上的12万多个账户数据,清洗出3.8万个有效活跃账户,涉及75.3万篇文章,结合在央媒、省媒上的表

现,客观呈现了四川183个县(市、区)的综合传播力。其中,影响力指数直观反映各区域的传播力和含金量,能看出谁家爆款多、谁家矩阵齐。公开度指数用以衡量各区域融媒体传播的密度。公众的点赞数、互动量等影响赞同度指数。综合传播力是多项数据的融合。

四 县级融媒体中心科技传播研究

以上系统回顾了与本书密切相关的文献,是本书的基础和起点。通过文献分析可以看出,虽然有关县级融媒体中心的研究成果较多,但针对县级融媒体中心科技传播情况及科技传播能力的研究几乎是空白。这一方面原因在于全国的县级融媒体中心刚刚建设完成不久,研究的关注点还集中在本章所分析的视角和基础内容上;另一方面,对科技传播而言,作为传递信息的"最后一公里",县级融媒体中心在科技传播中能够发挥的作用还未得到充分的认知。

作为主流媒体的基层组成部分,提升县级融媒体中心的传播能力是促进基层媒体转型升级的战略选择。它可以直接接触基层群众,确保全面有效覆盖群众,充分发挥引导作用,整合资源,为群众服务。现有研究已认识到县级融媒体中心在国家传播体系与政治体系中的地位,但对新时期县级融媒体中心在科技方面引导群众与服务群众的传播能力方面的研究还需要进一步深入。

本书将结合县级融媒体中心的现实状况,对其科技传播开展研究,深层次揭示科技传播在县级融媒体中心环境中传播的独特性,挖掘影响县级融媒体中心科技传播能力的多层次因素,探究其内在关联,建立综合理论框架,并构建相应的评价体系,对我国县级融媒体中心进行全面的评价,以更好地指导县级融媒体中心提升科技传播能力。

第二章 县级融媒体中心科技传播影响因素及机理研究

县级融媒体中心作为我国全新媒体布局中的重要一环,担负着引导群众、服务群众的重大责任。增强县级融媒体中心的科技传播能力,是提高公民科学素质的一种有效途径。明确传播中的各种影响因素,是提升县级融媒体中心科技传播能力的前提和基础。本章采用扎根理论的方法,挖掘各种影响因素及其内在关系,分析各因素对科技传播能力的单独与协同作用机理,并据此构建出影响机理模型,为提升县级融媒体中心科技传播能力提供理论支撑。

一 研究设计

(一) 研究方法

扎根理论是一种先导性分析,是一个由下至上,不断归纳总结的过程[1],尤其适合在微观事物间相互作用的研究[2],可以很好地揭示现象背后的本质行为特征

---

[1] 长青,孙宁,张强,等.机会窗口,合法性阈值与互联网创业企业战略转型:支付宝2004—2019年纵向案例研究[J].管理学报,2020(2):9.

[2] 费小冬.扎根理论研究方法论:要素、研究程序和评判标准[J].公共行政评论,2008,1(3):23-43.

或变量之间的相互作用关系,能够对定量研究中无法使用变量测量的现象加以更具体、更全面、更动态的描述。本章主要依据Strauss程序化扎根理论的编码思想,持续地对在数据收集阶段整理所得的文本资料进行分析、比较,对不同来源的资料反复对照补充,不断交叉核对,从而提高数据资料的可靠性与真实程度,从中提取出主范畴与核心范畴,直至达到理论饱和。运用扎根理论可以将县级融媒体中心科技传播能力影响因素的识别问题简单化,进而构建出县级融媒体中心科技传播能力影响机理模型。

(二)案例选取

为了更好地吻合研究问题,实现发展与建构理论的目的,案例选取采取了交互式处理方式,在抽样过程中采用动态的选取方式。基于研究问题进行多次筛选、替换、补充,直到具有较高程度匹配性的案例出现。

为全面挖掘影响县级融媒体中心科技传播能力的因素,根据县级融媒体中心的性质,本章从政府、县级融媒体中心自身及公众三个层面,选取具有典型性的案例,通过深度访谈、实地调研、大数据抓取等多种方式进行一手数据和二手数据的收集,以提升研究的信度和效度,确保最终所得理论模型的准确性和科学性。

在政府层面上,由于媒体融合是国家战略,县级融媒体中心的建设是由政府推动的,因此,政府部门的政策和措施对县级融媒体中心发展有着极为重要的影响。本章以中国科协科普部发起的科普中国融媒发展省级试点项目和北京市政府下属各单位联合发起的北京智慧科普社区建设项目为例,进行资料汇集,并对相关人员进行深度访谈,明确政府层面对县级融媒体中心科技传播的要求及产生的影响。

在县级融媒体中心自身层面上,通过对河北省张家口市各县级融媒体中心进行实地走访调研,并进行相关人员访谈,了解县级融媒体中心科技传播的相关情况;通过数据抓取对北京昌平区融媒体中心、云南省丘北县融媒体中心、黑龙江省拜泉县融媒体中心和贵州省锦屏县融媒体中心的科技传播过程进行监测,了解其科技传播的主要做法等内容。

在公众层面上,以全国科普日和科技周专项内容宣传为契机,采用大数据抓取的方法获取2019—2021年张家口融媒体中心和2021年全国2845个区县的县级融媒体中心的传播数据,通过相关数据了解县级融媒体中心在科技传播落实过程中的情况。

(三) 数据收集

案例研究过程中,数据的精准度和资源的丰富度将直接决定理论构建的稳健性和科学性。基于"证据三角验证"原则,本书通过多渠道、多方式、多载体、多时段的形式丰富数据来源。具体数据获取方式如下:

首先,将县级融媒体中心科技传播呈现给公众的结果作为基础。以"(科技or科学or科普or科学普及)and 融媒体中心"为关键词,利用新浪"舆情通"政企舆情大数据服务平台等数据采集工具,持续监控县级融媒体中心发布的科技类信息。

其次,进一步利用互联网,基于数据深度挖掘与资料源分析,获取宣传文件、政策文件、媒体报道、学者评论、调研报告等文字和视频资料。信息来源的多样性有利于获取丰富的案例材料,提高案例信息资料的建构效度。整体数据收集情况如表2.1所示。

表2.1 数据收集情况

关注层面	具体调研对象	数据来源	调研数据统计信息	数据标签
政府	北京智慧科普社区	二手资料	社区建设方案、建设招标信息,获取建设情况、建设要求等数据	S2
	科普中国融媒发展省级试点项目	二手资料	项目申报说明书,获取申报条件及要求等信息	
	主管领导	深度访谈	对原县委宣传部部长(现任市科技局局长)进行了近60分钟的访谈,获得12000字左右的文档资料	S1

续表

关注层面	具体调研对象	数据来源	调研数据统计信息	数据标签
县级融媒体中心	河北省张家口市各县级融媒体中心	现场调研	2019—2021年走访张家口市各县级融媒体中心，其间对工作人员进行访谈，获取工作人员对传播效果、媒体参与度等的评价数据	S1
		深度访谈	对区融媒体中心主任进行了近50分钟的访谈，获得9500字左右的文档资料	
	北京昌平区融媒体中心	二手资料	通过对各个融媒体中心科技传播过程的监测，获取其在科技传播时的主要做法、取得的成绩及现存问题	S2
	云南省丘北县融媒体中心	二手资料		
	黑龙江省拜泉县融媒体中心	二手资料		
	贵州省锦屏县融媒体中心	二手资料		
公众	全国各级融媒体中心	二手资料	通过各区县官方网站、新闻媒体报道、自媒体等渠道对全国2845个区县2021年全国科普日举办的情况进行数据抓取	
	市级融媒体中心	二手资料	利用新浪舆情等工具进行持续3年的纵向监测，获取参与主体、传播形式等数据信息	

（四）信效度校验

为保证研究的信度，提高理论敏感程度并降低主观因素的作用，本书由3人同时对数据进行编码，并讨论产生共同意见；此外，基于数据的获取时间、收集渠道和具体内容进行归档和分类，构建数据库，以便开展重复性研究与结果检验。为保证研究的效度，本章主要采用Yin[①]的分析推广逻辑，通过"三角验证"法则对不同受访者和多渠道来源信息进行验证，确保被访者的心理契约保持高的信效

---

① Yin R K. Case study research: design and methods [M]. London: Sage, 2013.

度,减少来源单一的数据对研究造成的误差;①同时,在理论抽样时注重样本的典型性和代表性,注重样本与研究主题契合程度高、数据可得性高,尽可能确保研究结论的普适性。

二 范畴挖掘与提炼

(一) 开放式编码

开放式编码是指对材料进行初步分析,将数据资料抽象成概念或范畴的过程。开放式编码要求研究者在理论视角的基础上,凭借发散思维以材料原始状态进行编码,通过语义分析将数据资料进行概念化,并重新综合性质和内容相近的要素,进而凝练出初始范畴。

在本书的开放式编码阶段,首先随机选取3/4份数据进行开放式编码,对原始资料进行筛选与缩减,剔除重复、不相关数据,形成文字资料库。其次对整理好的文字资料标签化,根据数据分类对资料进行提取关键词、概括或进行初步定义,用"B+数字编号"进行标注,共得124个标签化编码。接着将各标签概念化,对提取的标签整理去重,用"G+数字编号"进行标注,共得35个概念化编码。最后通过对具有相同本质属性的概念进行聚类和命名,用"F+数字编号"进行标注,最终得到了16个范畴,具体如表2.2所示。

表2.2 开放式编码主要结果

范畴	概念化	标签关键词举例
政策体系(F1)	顶层政策完整性(G1)	如统一命题、文件触发、行政触发、全会精神指导等
	区域层面针对性(G2)	如省级政策、市县级政策等
资源投入(F2)	传播经费投入(G3)	如科普经费投入、创作经费、财政拨款等
	内容资源投入(G4)	如内容资源、内容目录等

---

① 许晖,张海军,王琳.价值驱动视角下制造企业服务创新能力的构建机制:基于艾默生网络能源(中国)的案例研究[J].管理案例研究与评论,2014,7(4).

续表

范　畴	概念化	标签关键词举例
任务来源 (F3)	常态化工作范畴(G5)	如常态化工作、原有工作等
	偶发性工作(G6)	如突发事件、偶发性任务等
	持续性工作(G7)	如科协自身工作、委托性长期项目等
政策渗透 (F4)	政策关注程度(G8)	如关注点差异、政策依据等
	政策执行程度(G9)	如执行政策文件、执行的好坏程度等
管理实施 (F5)	中心内容的可操作性(G10)	如中心自身制度与要求、制度可操作程度等
	中心制度的执行程度(G11)	如严格执行中心制度、相应管理措施完善程度等
	形成管理惯例(G12)	如完善管理体系、平时宣传逻辑、特定事件宣传逻辑等
领导重视 (F6)	县级领导或主管领导重视(G13)	如领导亲自抓、分管领导具体抓、领导现场调研指导等
	县级融媒体中心领导重视(G14)	如融媒体中心负责人牵头等
考核体系 (F7)	直接考核方式(G15)	如强制纳入考核体系、直接考核等
	间接考核方式(G16)	如全国科技示范县指标、全民科学素质指标等
	项目任务考核(G17)	如项目投建效果等
传播体系建设(F8)	传统传播资源优势不同(G18)	如原县区电视台主导转型、依托固有优势资源、原有平台功能差异等
	传播体系建设投入不同(G19)	如人才资源投入、组织结构调整等
平台间的融合(F9)	上下级融合(G20)	如对接国家级媒体、对接市级媒体等
	平行融合(G21)	如融合县委县政府网站、对接县级平台等
	服务模式融合(G22)	如线上线下联动、社区与平台合作等
人员能力 (F10)	学习能力(G23)	如人员不断学习、人员持续探索等
	新媒体创作能力(G24)	如内容创作、内容把控、运营策划等
人员认知 (F11)	对科学的认知(G25)	如科学敏感性、把握科学性等
	对科技传播工作的认知(G26)	如领导关注焦点、传播事件的紧急程度等

续表

范　畴	概念化	标签关键词举例
科学创意（F12）	特色内容(G27)	如特色播报、方言宣传等
	科学编译(G28)	如转化科学内容等
区域特点（F13）	区域优势(G29)	如张家口与冬奥等
	中心特色工作(G30)	如区域特殊性、工作特殊性等
科学性审读（F14）	内容科学(G31)	如传播科学内容等
	权威性解读(G32)	如内容令人信服、保证权威等
公众关注度（F15）	公众关注的内容(G33)	如公众话题、公众关注等
公众喜爱度（F16）	互动内容(G34)	如有奖问答、积分兑奖、互动措施等
	地方文艺(G35)	如地方艺术形式、特色文艺节目等

（二）主轴式编码

主轴式编码是对开放式编码得到的初始范畴不断向上挖掘，发现它们之间的本质的、内在的逻辑联系，达到精练和区分范畴的目的，即合并次要范畴，精练主要范畴。研究基于"认知—行动—结果"这一逻辑，探索初始范畴之间的各类强弱关联，并在此基础上赋予新的范畴。本章构建的是县级融媒体中心科技传播能力的影响机理，团队成员将开放式编码所得的16个范畴按其内在联系进行了归类，形成了"政策导向""融媒体中心（机构）""融媒体中心（平台）""科学内容"和"公众"这5个主范畴，各主范畴的内涵及其对应范畴如表2.3所示。

表2.3　主轴式编码主要结果

主范畴	对应范畴	对应范畴的内涵
政策导向(ZF1)	政策体系(F1)	政策（国家或区域）体系是系统性的政策工具，对科技传播能力提供框架指引
	资源投入(F2)	为保证县级融媒体中心开展科技传播所必须的资金投入与媒体资源投入

续表

主 范 畴	对应范畴	对应范畴的内涵
融媒体中心(机构)(ZF2)	任务来源(F3)	驱动县级融媒体中心开展科技传播的机构与任务
	政策渗透(F4)	县级融媒体中心对于科技传播政策的关注度与使用程度
	管理实施(F5)	县级融媒体中心对各项政策的落实以及自身对科技传播的特有政策
	领导重视(F6)	县级融媒体中心领导对科技传播工作的重视情况,既包括他自身主动的重视,也包括外在因素导致的重视
	考核体系(F7)	县级融媒体中心的考核内容,既包括对融媒体中心的直接考核,也包括对县委县政府的各项考核,由融媒体中心负责落实
融媒体中心(平台)(ZF3)	传播体系建设(F8)	县级融媒体中心本身功能的建设与健全程度
	平台间的融合(F9)	县级融媒体中心融媒体的利用与融合程度,包括上融、下融、平行融的情况
科学内容(ZF4)	人员能力(F10)	县级融媒体中心工作人员的能力:一是本身从事融媒体工作的能力,二是从事科技传播的能力
	人员认知(F11)	县级融媒体中心科技传播事件重要性的认识
	科学创意(F12)	县级融媒体中心工作人员对科学热点的捕获能力,以及对科学事件的科学编译能力
	区域特点(F13)	传播的科学内容是否与区域的中心工作、支柱产业等关联
	科学性审读(F14)	对传播内容的科学性能否有效把握
公众(ZF5)	公众关注度(F15)	公众对县级融媒体平台是否关注
	公众喜爱度(F16)	公众对县级融媒体平台的喜爱程度

(三) 选择式编码

选择式编码阶段是指对基于主轴式编码得到的主范畴进行系统分析,并选择核心范畴的过程。选择性编码旨在梳理范畴与范畴之间的关系,基于主次之分和结构关系,通过整合与凝练,在所有命名的概念类属中涌现出一个"核心范畴",最后形成理论研究框架。根据研究主题及编码分析,五个主范畴共同指向"县级融媒体中心科技传播能力",可以将其定义为核心范畴,通过分析和梳理主范畴和核心范畴之间的关系,建立了范畴之间的作用路径(如图2.1所示)。

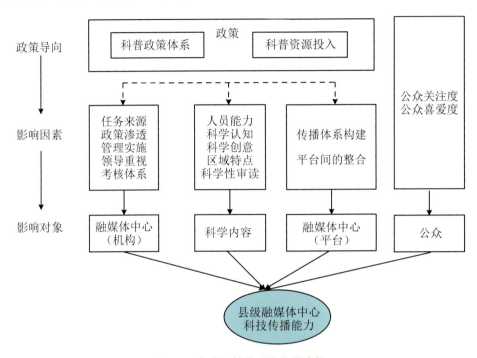

图2.1 范畴间的关系及作用路径

其中,围绕"县级融媒体中心科技传播能力"这一核心范畴及"政策导向""融媒体中心(机构)""科学内容""融媒体中心(平台)"和"公众"五个主范畴,可知:①"政策导向"是从顶层进行设计的,通过"融媒体中心(机构)""科学内容""融媒体中心(平台)"对县级融媒体中心科技传播能力产生影响;②"融媒体中心(机构)""科学内容""融媒体中心(平台)"是从科技传播的供给方来总结的,因而都归为供给侧因素;③"公众"是从科技传播的接受方来总结的,因而归为需求侧因素。

(四) 理论饱和度检验

理论饱和度检验是决定案例数据是否停止收集的标准。团队成员对剩下的1/4的数据进行编码,检验过程中出现的因素仍然在前3/4的数据编码的5个主范畴16个副范畴之内，没有出现新的标签、范畴和概念，满足扎根理论中新抽取的样本不再提供新的重要信息的理论饱和度原则，所以本书得出来的理论模型是饱和的。

三　模型构建与解析

（一）县级融媒体中心科技传播能力影响机理模型

县级融媒体中心科技传播为县级融媒体中心扩展公共服务功能和新时代占领科技传播新阵地提供了双向的引导，具有重要的理论和实践意义。本节根据上述编码结果构建了县级融媒体中心科技传播能力影响机理模型，如图2.2所示。

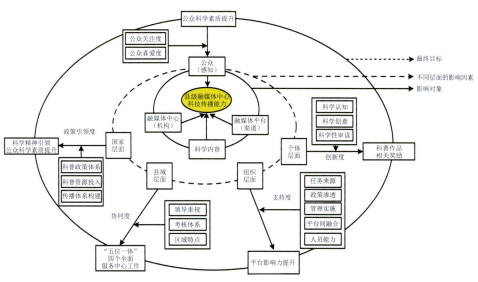

图2.2　县级融媒体中心科技传播能力影响机理模型

（二）模型解析

整体来看，本模型以公众为中心，以公众的诉求与愿望为边界。影响因素有两个视角，一个是公众层面的需求侧，一个是融媒体一端的供给侧。为了更具针对性地给各级主体提供指导,模型将供给侧一端的因素细分为国家层面、县域层面、县级融媒体中心组织层面和县级融媒体中心成员个体层面,这四个层面的因素是平行的关系,协同发展共同为公众服务。同时,将起顶层设计作用的"政策导向"这一范畴的内容融入国家层面当中。

从需求侧的视角来看,县级融媒体中心是以人民为中心,以为公众服务为宗旨,将对公众的引导和公众的关注放在首位,从而驱动中心开展科技传播工作。在这方面主要需做好两项工作:一方面是对公众的引导,把应知、应会的科技内容通过融媒体平台传递给公众,让公众在点滴间实现科学素质的提升;另一方面是融媒体平台对公众的诉求进行汇聚,对广大公众热切关注的科学问题进行快速反应,及时提供极具公信力的回应。

从供给侧的视角来看,模型跳出融媒体中心内部,全方位考量相关因素的影响,不仅包括县级融媒体中心定位与职责,还包括影响县级融媒体中心科技传播能力的国家层面、县域层面、组织层面、个体层面等多维因素,为需求侧的公众满意提供有效支撑。

具体来看,模型以科技传播为着力点,从供给-需求视角出发,包含了影响县级融媒体中心科技传播能力的五大层面下的16项影响因素。

第一,国家层面下包含的影响县级融媒体中心科技传播能力的因素有:政策体系、资源投入、传播体系构建。其中,"政策体系"是指导国家科普事业发展的重要依据,县级融媒体中心会依据政策的导向提升相应的科技传播能力,如"全国统一命题,有所谓的文件或行政触发";"资源投入"是县级融媒体中心科技传播能力提升的直接原因,拥有科技资源后的县级融媒体中心能有效提高内容生产能力与内容推广能力,如"各种科技活动报道、媒体宣传的首发媒体,依托融媒体中心控制的媒体矩阵扩大宣传";"传播体系建设"关乎平台的功能建设与健全程度,尤其是科技传播体系的建设与健全程度关乎平台影响力,进而影响县级融媒体中心的科技传播能力。国家层面各项因素的融合,最终体现在科学精神的引领和公众科学素质提升方面。

第二,区域(县域)层面下包含的影响县级融媒体中心科技传播能力的因素有:领导重视、考核体系、区域特点。其中,"领导重视"会为县级融媒体中心带来更多资源,进而提升其传播能力;"考核体系"中的考核内容会成为县级融媒体中心科技传播时的关注焦点,进而促使其对应方面的能力提升;"区域特点"是指县级融媒体中心进行科技传播时结合当地特色进行传播内容的创作。区域(县域)层面各项因素融合,最终体现在五体一体、四个面、服务中心工作的总体战略中。

第三,县级融媒体中心组织层面下包含的影响县级融媒体中心科技传播能力的因素有:任务来源、政策渗透、管理实施、平台间融合、人员能力。其中,"任务来源"是指县级融媒体中心在进行科技传播时听从谁的指挥,如"我们通常是接受上级指令或与科协寻求合作";"政策渗透"是县级融媒体中心对已有政策的关注度与执行度,会显著影响其在科技传播时的政策理解能力;"管理实施"强调县级融媒体中心对上级政策的落实以及自身规定的完成度,会影响其内容生产能力;"平台间融合"包括横向融合——区级报、台、本级行政单位,上行融合——市、省、中央媒体,下行融合——社区(乡镇)融合,跨界融合——融媒体+政务+服务,以及其他新媒体融合,平台融合能力直接影响县级融媒体中心科技传播能力;"人员能力"是县级融媒体中心工作人员所具备的学习、创作等能力。县级融媒体中心(组织)层面各项因素的融合,最终体现在县级融媒体中心的平台影响力提升方面。

第四,县级融媒体中心个体层面下包含的影响其科技传播能力的因素有:科学认知、科学创意、科学性审读。其中,"科学认知"是县级融媒体中心工作人员对科技事件的认识和理解能力;"科学创意"是县级融媒体中心工作人员对科学热点的捕获能力,以及对科学事件的科学编译能力;"科学性审读"指要把握住传播内容的科学性,保证传播的内容质量。成果体现在科普作品创作、相关奖励方面。

第五,公众层面下包含的影响县级融媒体中心科技传播能力的因素有:公众关注度、公众喜爱度。其中,"公众关注度"和"公众喜爱度"体现了传播效果,能侧面体现县级融媒体中心的科技传播能力,如"这种传播类的东西一定是老百姓感兴趣的,才能让咱们融媒体中心更好地提升能力、获得发展"。

在县级融媒体中心科技传播的过程中,上述五个层面的16个影响因素是相互作用、相互影响的。只有将所有因素系统思考、有效整合、相互融通协作,才能把科技传播作为县级融媒体中心常态化的内容,构建出县级融媒体中心科技传播能力的全景画面,提升县级融媒体中心的科技传播能力。

四　结　论

本书的研究表明,县级融媒体中心科技传播能力的提升是多层次的演化过程,是县级融媒体中心外部的多项政策体系构建与中心内部有效管理多层演化的结果。因此,要有效提升县级融媒体中心科技传播能力,需要各方协作努力。

本书概括总结出的影响因素,为各部门共同提升县级融媒体中心科技传播能力提供了理论依据。基于此提出以下建议:

首先,从国家层面看,各相关机构可以通过加强对县级融媒体中心的政策引导、完善政策体系、加大经费投入等措施提升县级融媒体中心的科技传播能力;并通过税收等法律法规提供配套支持,共同推动县级融媒体中心科技传播工作的建设,助力国家科技传播体系的构建。

其次,从县(区)域层面看,将县级融媒体科技传播能力纳入县域考核的指标中,提升县级领导对县级融媒体中心科技传播的意识。在县级融媒体中心完成建设与融合的阶段之后,将科技传播纳入县级融媒体中心的公共服务职能之中,明确导向,根据区域中心工作的内容与特点设定科技传播的内容与方式,更好地助力区域公民科学素质的提升,助力乡村振兴与区域科技创新。

再次,从县级融媒体中心自身看,县级融媒体中心作为组织层面应制定相关的管理制度,对国家政策、区域层面政策进行系统整合与有效落实,通过制作化、规范化的手段使县级融媒体中心科技传播纳入机构的常态化工作之中,根据县级融媒中心人员能力特点进行媒体产品的设计,保证科技传播的持续性与稳定性,发挥基层媒体的科学引导能力。同时,可以通过多种形式(走出去、引进来等)加大对县级融媒体中心采编人员的培训力度,一方面提升其策、采、编、发、统的能力,另一方面,提高采编人员的科学素养和科技传播意识。

最后,从公众层面看,县级融媒体中心要通过如大数据的统计与分析等先进的技术手段,及时获取区域范围内公众关注度高且喜爱的内容,以此为导向作为媒体产品设计的切入点,进行科技传播产品的创作,获得更好的传播效果,实现科技传播的有效目标。

评价篇

第三章　县级融媒体中心科技传播能力评价体系构建

县级融媒体中心作为基层主流媒体,其功能是引导群众和服务群众。县级融媒体中心传播能力主要由传播内容生产能力和传播效果达成能力两个维度构成,是形成引导力和影响力、铸就公信力的出发点,其传播能力的提升有助于社会治理功能的实现。而作为县级融媒体中心传播能力中的一个组成部分,科技传播的能力也至关重要。构建县级融媒体中心科技传播能力评价指标体系并对其科技传播情况进行评价,可以全面反映目前我国县级融媒体中心科技传播概貌,发现其在建设和科技传播中存在的问题,以进一步提升县级融媒体中心的科技传播能力,最终达到提高我国公民科学素质的目标。

本章在第一章和第二章的研究基础上,构建了县级融媒体中心科技传播能力评价体系。

一　评价体系构建的前提和基础

(一) 基于国家政策的建设基准

1. 战略引导

2013年起,国家通过各种政策对融媒体建设进行引导,融媒体中心的建设与发展是国家的重要工作内容,各省在总体政策意见的指导下都根据本省的特点与状况进行了全方位的思考与部署。

2013年11月,《中共中央关于全面深化改革若干重大问题的决定》,首次提出整合新闻媒体资源,推动传统媒体和新兴媒体融合发展。

2014年8月,《关于推动传统媒体和新兴媒体融合发展的指导意见》出台,将媒体融合上升为国家战略,为媒体融合阶段性任务提出要求和方向。

2015年12月,习近平总书记视察解放军报社并发表重要讲话,指出:"要研究把握现代新闻传播规律和新兴媒体发展规律,强化互联网思维和一体化发展理念,推动各种媒介资源、生产要素有效整合,推动信息内容、技术应用、平台终端、人才队伍共享融通。"

2016年7月,《关于进一步加快广播电视媒体与新兴媒体融合发展的意见》促进了我国各级媒体纷纷加大推进媒体融合发展的力度,加快了广播电视媒体与新兴媒体融合发展进程。

2017年5月,《国家"十三五"时期文化发展改革规划纲要》也提出推动媒体融合发展。扶持重点主流媒体创新思路,推动融合发展尽快从相"加"迈向相"融",形成新型传播模式。支持党报党刊、通讯社、电台电视台建设统一指挥调度的融媒体中心、全媒体采编平台等"中央厨房",重构新闻采编生产流程,生产全媒体产品。明确不同类型、不同层级媒体定位,统筹推进媒体结构调整和融合发展,打造一批新型主流媒体和媒体集团。

2017年9月,《新闻出版广播影视"十三五"发展规划》中主要任务之一是"深化一体发展,推动媒体融合取得新突破"。

2018年8月,习近平总书记在全国宣传思想工作会议上明确指出:"要扎实抓好县级融媒体中心建设,更好引导群众、服务群众。"

2018年11月14日,《关于加强县级融媒体中心建设的意见》中指出组建县级融媒体中心,有利于整合县级媒体资源、巩固壮大主流思想舆论。

2018年11月16日,《关于促进智慧广电发展的指导意见》中,进一步加快广播电视与新兴媒体融合发展、推动县级融媒体中心建设等都是其中的重点任务内容。

2019年1月,《县级融媒体中心省级技术平台规范要求》出台,为县级技术平台的设计、建设、运维提出了方向指引。

2019年8月,《关于促进文化和科技深度融合的指导意见》出台,主要任务包括推动媒体融合向纵深发展。

2020年9月,《关于加快推进媒体深度融合发展的意见》出台,确定了媒体融合的战略意义,明确了媒体融合的发展方向。

2020年10月29日发布的《关于制定国民经济和社会发展第十四个五年规划和二〇三五年远景目标的建议》(下称《规划》)再次强调媒体深度融合的内容。《规划》明确指出:"十四五"时期,全面繁荣新闻出版、广播影视、文学艺术、哲学社会科学事业。推进媒体深度融合,实施全媒体传播工程,做强新型主流媒体,建强用好县级融媒体中心。

2020年11月,国家广播电视总局出台《关于加快推进广播电视媒体深度融合发展的意见》,进一步明确了下一步媒体融合的发展目标和任务。

2. 明确要求

国家通过各种政策指明了融媒体发展的方向,同时规定了融媒体建设的标准。2019年1月,国家广播电视总局发布《县级融媒体中心省级技术平台规范要求》(GY/T 321—2019)和《县级融媒体中心建设规范》。保证了全国范围内的省级技术平台与县级融媒体平台这两个平台在功能、技术方面的一致性,极大地削弱了不同省份之间由于经济状况差异对融媒体的影响。

(二)基于国家要求的建设节点

1. 县级融媒体中心全覆盖的重要部署基本完成

中宣部于2018年9月召开了县级融媒体中心建设现场推进会,对全国县级融媒体中心建设推进工作做出部署安排。要求2018年先行启动600个县级融媒体中心建设,2020年底基本实现全国全覆盖。县级融媒体中心现代化设施的初步建构,为县级媒体的发展与转型升级提供了基础支撑。

2. 县级融媒体中心的纵深发展

在完成了基本建设之后,当前融媒体的工作重点放在了纵深发展与县级融媒体中心的建设质量上,这将涉及平台、内容、管理各项内容的优化与提升。全国范围内越来越多的县级融媒体中心获得了互联网新闻信息服务许可证,各中心的建设越来越规范。提质增优阶段的融媒体中心将进一步把握其功能定位,放在融媒体中心技术能力的提升、传播内容的扩展与传播能力的提升上面。

县级融媒体中心以"四全媒体"的形态尝试重新建立与县域用户的连接,功能也从原来主要用于信息传播,升级为融合信息传播、基层治理与公共服务于一体的社会治理整合功能。

本书从县级融媒体中心"四力"的基本框架出发,构建科学的县级融媒体中心科技传播能力指标体系,实现对我国县级融媒体中心传播能力的定量评价。

二 评价体系的构建思路

(一) 总体思路

在2018年全国宣传思想工作会议上,习近平总书记强调建设具有强大凝聚力和引领力的社会主义意识形态,是全党特别是宣传思想战线必须担负起的一个战略任务。要把握正确舆论导向,提高新闻舆论传播力、引导力、影响力、公信力,巩固壮大主流思想舆论。要扎实抓好县级融媒体中心建设,更好地引导群众、服务群众。

提高基层媒体"传播力、引导力、影响力、公信力"是县级融媒体中心开展各类传播应遵循的基本原则。这"四力"既相对独立,又相辅相成。因此,本书对于县级融媒体中心科技传播的评价,也以此作为构建依据。

传播力是传播主体实现有效传播的能力,它以影响公众为目标,主要考察信息传播的范围、速度、力度和效果。传播规模越大,速度越快,力度越强,传播效果越好,越具有传播力。传播力是前提,是引导力、影响力和公信力形成的基础和重要载体,也是衡量它们的重要依据。

引导力是传播主体通过多种手段对舆论的产生和扩散进行控制和引导,从而改变公众的态度和表达,使其朝着传播主体预期的方向发展的能力。它以对信息的组织、选择、甄别、加工、制作为手段,通过大量有吸引力、说服力的内容和方式,正面引导新闻舆论走向。内容越客观、研判越准确、反应越及时,引导力就越强。

引导力是方向,强调传播内容的导向性,正确的导向是确保传播主体不偏离意识形态的根本。

影响力是传播主体及其所发布的新闻舆论在引发公众关注和改变公众思想、行为、态度上的能力。强影响力不仅可以使公众倾向或认同传播主体的意见和观点,还能推动所报道问题的解决。影响力是目标,是取得良好社会效益的关键,是检验传播力、引导力的标准,是公信力的具体表现形式。

公信力是传播主体能够获得公众认可和信任的能力,以传播主体的内在品质和外在形象为依据,在长期客观、真实、全面的报道中形成,是传播主体生存和发展的基础。公信力是关键,是科技传播获得传播力、引导力和影响力的重要保障、立足之本,是传播主体的核心竞争力,决定了其生存和发展的空间。传播主体与传播内容的公信力越强,影响力越大,传播和引导的效果就越好。

对于主流媒体来说,"四力"建设既是他们必须肩负起的时代使命,也是其在与各类型新媒体的竞争中获得新生的必经之路,基于"四力"框架确定的指数综合评价,可以定量对各县级融媒体中心的传播力进行分析,为县域融媒体中心绩效考核提供依据,进而智能化推动传统主流媒体向新型主流媒体的转型[①]。

(二) 具体设计

指标体系构建旨在更好地反映用户信息接收方式的转变,更科学地评价媒体顺应用户转变趋势,不断拓展传播渠道,打造丰富融合产品,构建全媒体传播体系,扩大主流价值影响力版图的成效。这个体系还将随着信息传播方式的变化而不断优化,而媒体只要因势而谋、应势而动、顺势而为,加快构建融为一体、合而为一的全媒体传播格局,就一定能够不断提升传播力,形成强大影响力和竞争力。遵循着县级融媒体中心的四力建设框架,结合科技传播在创新发展中的具体应用,以"四力"为一级指标,确定了包括8个二级指标和29个三级指标的评价体系。

① 在评价指标体系的设计过程中,充分参考国内县级融媒体中心效果评价的指标体系设计思路和创新点,积极引入科技传播对工作的要求。

② 考虑到2021年是县级融媒体完成挂牌建设的第一年,是检验建设成效与

---

① 宋峰,翟应斌.县级融媒体中心舆情传播效果综合评价研究[J].广播电视网络,2022,29(4):62-64,69.

用好成效的开局之年,所以体系设计考虑到开创性与未来的延续性,为日后评价体系的延续与对标提供基准。

③ 将科技传播的要点与传播的导向性融入指标体系中,响应了科普工作的发展趋势与新时代要求,强化评价指标的丰富程度、覆盖度和操作性。

④ 紧密结合我国科学普及工作中存在的主要问题和关注焦点,在指标中融入对其的考量。

三 评价体系的设计原则

在指标体系的设计过程中,遵循系统性、科学性、引导性、完备性和可操作性原则。

① 系统性。依照县级融媒体中心科技传播整体思路,坚持涵盖县级融媒体中心科技传播全过程的理念,系统全面地构建评价指标体系,尽可能地覆盖县级融媒体中心科技传播的所有关键要素。既要重视要素间的联系,又要明晰要素间的区别。注重要素之间的逻辑性。

② 科学性。任何评价体系的建构首要原则都必须是科学的,不仅要求评价体系内容科学,还要求构建体系时采用的方法和手段也必须是科学的。指标体系的建构要严格把握其科学性原则,保证构建方法和手段的科学性、数据的有效性与真实性、标准的规范性与实用性。

③ 引导性。结合县级融媒体中心科技传播发展的最新理念,指标体现正确的引导性,体现出循序渐进的发展性;另外,指标具有发展前瞻性,应用方面具有创新性和现实指导性,引导县级融媒体中心科技传播下一步发展方向。

④ 完备性。全面考量指标体系的架构,从各个维度全方位地进行评价,保证指标的包容性,通过评价指标体系全面地反映评价对象的各个方面,以求达到全面、系统、完整。

⑤ 可操作性。根据评价的可操作性,每项指标的数据是可采集、可度量的,在相关数据和资料的收集方面有较高的可行性。

四 评价指标体系

（一）一级指标

用"四力"指数一级指标形成的综合指数对县级融媒体中心传播能力进行评价符合客观实际和社会效益所需。"四力"为传播力、引导力、公信力、影响力。

（二）二级指标

传播力（X_1）。传播力是指县级融媒体中心自身的传播能力，这个能力为以县级融媒体中心为渠道开展科技传播提供了基础支撑。包括平台融合度（X_{11}）、传统媒体基本情况（X_{12}）、新媒体基本情况（X_{13}）。

引导力（X_2）。引导力是县级融媒体中心在具体领域起到的引导作用，即在科技传播领域的具化引导。包括常态化科技（普）引导力（X_{21}）、应急科技（普）引导力（X_{22}）。

公信力（X_3）。公信力是所传播内容的公信力，即来源的科学性与权威性。包括内容公信力（X_{31}）。

影响力（X_4）。影响力是科技传播产生的影响与效果。包括公众影响力（X_{41}）、融媒体产品影响力（X_{42}）。

（三）三级指标

平台融合度，包括媒体融合渠道数量（X_{111}）和平台覆盖率（X_{112}）。

传统媒体基本情况，包括电视栏目是否有科普栏目（X_{121}）、电视播出科技（普）节目时长（小时）（X_{122}）、报纸中是否有科技（普）栏目（X_{123}）、报纸发行总份数（X_{124}）、广播中是否有科普栏目（X_{125}）、广播播出科技（普）栏目时长（小时）（X_{126}）。

新媒体基本情况，包括微信粉丝数（万人）（X_{131}）、微信全年发布科技（普）信息数量（X_{132}）、微博粉丝数（万人）（X_{133}）、微博全年发布科技（普）信息数量（X_{134}）、抖音粉丝数（万人）（X_{135}）、抖音全年发布科技（普）信息数量（X_{136}）。

常态化科技(普)引导力,包括常态化科技(普)工作宣传传播次数(X_{211})、重大科技(普)活动传播占比(X_{212})、重大科技(普)事件传播占比(X_{213})、助力县域发展传播类别占比(X_{214})、科普中国优秀资源引用情况(X_{215})。

应急科技(普)引导力,包括应急事件传播占比(X_{221})、突发公共卫生事件传播占比(X_{222})。

内容公信力,包括原创占比(X_{311})、转发权威内容占比(X_{312})。

公众影响力,包括科技(普)类信息均点击量(X_{411})、科技(普)类信息均点赞量(X_{412})、科技(普)类信息均转发量(X_{413})。

融媒体产品影响力,包括高点击量信息数(>1000)(X_{421})、高点赞量信息数(>1000)(X_{422})、高转发量信息数(>1000)(X_{423})。县级融媒体中心科技传播能力评价体系的具体情况如表3.1所示。

表3.1 县级融媒体中心科技传播能力评价体系

一级指标	二级指标	三级指标
传播力(X_1)	平台融合度(X_{11})	媒体融合渠道数量(X_{111})
		平台覆盖率(X_{112})
	传统媒体基本情况(X_{12})	电视栏目是否有科普栏目(X_{121})
		电视播出科技(普)节目时长(小时)(X_{122})
		报纸中是否有科技(普)栏目(X_{123})
		报纸发行总份数(X_{124})
		广播中是否有科普栏目(X_{125})
		广播播出科技(普)栏目时长(小时)(X_{126})
	新媒体基本情况(X_{13})	微信粉丝数(万人)(X_{131})
		微信全年发布科技(普)信息数量(X_{132})
		微博粉丝数(万人)(X_{133})
		微博全年发布科技(普)信息数量(X_{134})
		抖音粉丝数(万人)(X_{135})
		抖音全年发布科技(普)信息数量(X_{136})

续表

一级指标	二级指标	三级指标
引导力 (X_2)	常态化科技(普)引导力(X_{21})	常态化科技(普)工作宣传传播次数(X_{211})
		重大科技(普)活动传播占比(X_{212})
		重大科技(普)事件传播占比(X_{213})
		助力县域发展传播类别占比(X_{214})
		科普中国优秀资源引用情况(X_{215})
	应急科技(普)引导力(X_{22})	应急事件传播占比(X_{221})
		突发公共卫生事件传播占比(X_{222})
公信力 (X_3)	内容公信力(X_{31})	原创占比(X_{311})
		转发权威内容占比(X_{312})
影响力 (X_4)	公众影响力(X_{41})	科技(普)类信息均点击量(X_{411})
		科技(普)类信息均点赞量(X_{412})
		科技(普)类信息均转发量(X_{413})
	融媒体产品影响力(X_{42})	高点击量信息数(>1000)(X_{421})
		高点赞量信息数(>1000)(X_{422})
		高转发量信息数(>1000)(X_{423})

第四章 数据获取评价

由于县级融媒体中心数量较多,建设情况参差不齐,科技传播数据的获取存在一定的难度。本章对于不同媒体形式采取有针对性的数据获取方法,通过问卷调查和数据抓取等方式,对县级融媒体中心的传统媒体和新媒体渠道数据加以采集。第四章至第六章采集的数据样本为2021年全年数据。第七章采集的新媒体数据样本为2022年县级融媒体中心新媒体渠道全年数据。

一 评价对象选择

① 评价的层级:县级。在媒体融合向纵深发展的背景下,县域内的媒体和媒介更加贴近群众,也能更好地聆听群众的需求。评价的颗粒度以"县"为单位计量。

② 评价的范围:评价总数为1277个县。其中,2021—2025年534个全国科普示范县为本次评价的重点;743个县作为对照组。

1998年,为深入贯彻落实中共中央、国务院《关于加强科学技术普及工作若干意见》和党的十五大精神,充分发挥科普工作在提高劳动者素质、促进县域经济发展、社会进步中的基础作用,推动"科教兴县"的实施,中国科协决定在全国开展创建"科普示范县"活动。《2021—2025年度全国科普示范县(市、区)标准(2020年修订)》中第8条科普渠道多样化中提出利用大众传媒开展科技传播,在广播电台、电视台、报纸和杂志等媒体开设科普宣传栏目,每周刊、播1次以上。充分运用新媒体手段建立科普渠道,如科普公众号或科普微博等。在县政府等主要政务公众号中设立科普栏目,扩大和提升科技传播覆盖面和影响力。这是在国家宏观政策引导下,对县级融媒体中心开展科技传播的明确要求。2021—2025年全国科普示范县第一批创建单位为53个,第二批创建单位为515个,两批合计应创建单位为568个;其中未推荐的有34个,最终确定参与评价的科普示范县是534个。

③ 评价传播渠道:县级融媒体中心。只对县级融媒体中心自身的不同渠道进行监测,不包括大量存在的各大商业平台账号等媒介。《中国新媒体发展报告(2020)》中显示,微信是目前用户最多、最广泛的新闻信息获取平台,微博是交互性最强的虚拟社交网络(SNS),与此同时,以抖音为代表的短视频平台在用户获取新闻信息过程中的重要性正在不断增加,是除微信外最多用户选择的渠道。根据县级融媒体中心整合的渠道,选取传统媒体的电视、广播、报纸三个端口和新媒体的微信、微博、抖音三个端口,作为融合传播的具体表达。渠道选择与数量如表4.1所示。

表4.1 评价对象数量统计表(个)

类　别	传统媒体	微　信	微　博	抖　音
渠道数量	1277	2752	2264	2591
采用数量	534	1277	1956	2493

④ 评价内容:科技传播。仅对县级融媒体中心科技传播的内容进行分析,其他类别的传播不在此评价范围内。

二 全国县级融媒体中心渠道端口梳理

为了全面掌握全国县级融媒体中心融合情况,需要对各县级融媒体中心各渠道的入口进行系统梳理。本书以行政区划为唯一标识,获取县域基础数据。

根据我国民政部—民政数据—行政区划代码,获取2020年12月中华人民共和国县以上行政区划代码,并以此为县级行政区划基础数据。该行政区划对

2842个县级行政区进行了编码,2个县级行政区未编码。同时,根据科普示范县名单,新增7个县级行政区。因此,本章共对全国2851个县级行政区进行编码后形成所需行政区划基础数据,民政部有编码的县级行政区划按民政部行政区划编码进行编码,未编码的进行临时编码,如表4.2所示。

表4.2 未编码县级行政区划临时编码表

省	市	县 区	行政区划编码
黑龙江省	大兴安岭地区	加格达奇区	无LS001
黑龙江省	大兴安岭地区	松岭区	无LS002
黑龙江省	大兴安岭地区	呼中区	无LS003
黑龙江省	大兴安岭地区	新林区	无LS004
江苏省	苏州市	工业园区	无LS005
海南省	三沙市	西沙区	无LS006
海南省	三沙市	南沙区	无LS007
青海省	其他	冷湖行委	无LS008
青海省	其他	大柴旦行委	无LS009

以全国县级行政区划为核心,形成县域基础数据,作为进行县级融媒体中心传统传播渠道与新媒体传播渠道梳理的重要依据。

县级融媒体中心传统渠道数据获取

(一)问卷设计

以县级融媒体科技传播能力评价体系为基础,设计了《县级融媒体中心科技传播能力调查问卷》。具体问卷详见本书附录。

(二)问卷发放与回收

问卷通过问卷星电子平台进行发放,包括三个渠道:一是根据全国县级融媒体中心渠道端口梳理的结果,向全国县级融媒体中心的联络方式发放电子问卷;

二是对部分省份相关部门直接打电话联系,请求协助;三是在中国科协科普部的帮助下,通过科协系统全国科普示范县建设评价群进行线上发放。

三个渠道共回收问卷1619份。由于本书以县为单位,只计每个县的融媒体中心科技传播情况。所以对同一县填写的多份问卷的情况进行整合。其中,科普示范县534个(不包括未推荐的34个),填写问卷数493份,覆盖了科普示范县的92.32%,有较好的代表性。

整合后的数据和问卷中,传统媒体内容采取多份问卷间互相校验的方式,通过网络抓取相关数据,人工校验后取合理值,作为评价的基准数据。问卷中新媒体部分内容作为网络抓取的校验使用,多方数据完成了三角验证工作。

(三)问卷部分数据分析

1. 数据源特点

传统渠道传播数据的特点为:留痕差,注重单向传播,传播效果无法度量等。为获取本数据,在问卷调查时,采用了调查主体实名制,从科协系统内部发放,从工作业务的角度进行调查,数据的可信度相对较高。

问卷内容:针对传统媒体的科技传播能力评价,选取了电视、广播、报纸三个渠道,设置六个调查问题,分别为:电视中是否设有科技(普)栏目、电视栏目名称及全年科技节目时长;广播中是否设有科技(普)栏目、广播栏目名称及全年科技节目时长;报纸中是否设有科技(普)栏目、报纸栏目名称及全年发行总份数等。

2. 对全国科普示范县的县级融媒体中心已填写问卷的数据进行分析

(1)电视端

在栏目设置方面,289个县级融媒体中心设有科技栏目,占填写问卷总数的58.6%;有61个县级融媒体中心直接转播CCTV、科普中国等资源,占比12.4%。电视栏目共有371个,全年播出科技(普)节目时长累计17916小时。电视栏目内容以《科普大篷车》最多,共有29个县级电视台播放。

(2)广播端

在栏目设置方面,共有218个县广播中设有科技(普)栏目,占比44.2%;共有294个广播栏目,全年播出科技(普)节目时长累计17911小时。

（3）报纸端

在栏目设置方面，共有140个县的报纸中设有科技栏目，全年发行总份数累计约7620万份。

四 县级融媒体中心新媒体渠道数据获取

（一）微信数据获取

1. 数据源特点

各县级融媒体中心的微信公众号具有如下特点：① 县级融媒体中心成立后，以县级融媒体中心为备案主体，申请新的微信公众号，承载县级融媒体传播功能；② 县级融媒体中心成立后，将原电视台、广播电台、政府办等微信公众号承接过来，由融媒体中心统一运营；③ 县级融媒体中心可能运营多个微信公众号。发布的文章里一般会有"×××融媒体中心"的署名。

根据以上特点，以人工方式搜索各县级融媒体中心的代表性微信公众号，并记录其公众号名称、账号ID、主办单位等信息，作为后续采集的信息源。主要的微信公众号搜索工具为"搜狗微信公众号搜索平台"和微信客户端检索入口。经过人工搜索，共收集到2749区县的2749个代表性微信公众号。

微信的生态为闭环生态，除微信客户端外，无相关搜索引擎，经咨询相关知识产权专家，全量采集可能涉及知识产权侵权行为，因此数据采集过程中采用抽样采集方式。根据地域特征，在2749个代表性微信公众号中，按地域和经济发展水平选择1277个微信公众号作为采集对象，进行每个微信公众号发布信息全量采集。采集范围为样本1277个微信公众号账号，采集的数据时段为2021年全年，采集时间为2022年6—9月。样本包含了534个全国科普示范县。

2. 数据维度

本书中根据评价体系要求，采集如下维度微信公众号信息，如表4.3、表4.4所示。

表4.3 微信基础信息表

序号	采集字段	字段编码
1	微信账号	cateid
2	微信名称	catename
3	承办主体	cbzt
4	微信粉丝数	fans
5	所属省份	sssf

表4.4 微信推送信息表

序号	采集字段	字段编码
1	标题	Title
2	微信公众号名称	catename
3	图文位置	Twwz
4	阅读量	Ydl
5	点赞量	Dzl
6	在看量	Zkl
7	发布时间	Fbsj
8	是否原创	Sfyc
9	推送信息链接	Wzlj

因微信公众号的粉丝数是私有数据，只有承办主体能看到，因此，在微信公众号的粉丝数采集中，根据微信粉丝数预估相关理论和方法，本书提出如下微信粉丝数预估方法公式：

$$F = \frac{a_1 + a_2 + a_3 + a_4 + a_5}{5} \times 15$$

其中，F代表预估粉丝数，$a_1 \sim a_5$ 代表采集时最近5篇头条推文的阅读量。

3. 数据校验

县级融媒体中心代表性微信公众号获取。该工作在开展时采用双人独立搜索，搜索结果一致则采纳，不一致则两人协商，对微信公众号图文发布数量、活跃度、承办主体等进行人工评价，达成一致，其获取过程包含校验过程，因此此项工作不再验证。

县级融媒体中心基础数据和推送信息数据获取。该工作采用RPA模拟人操作,多机器并行采集,出错的可能性在于网络中断、程序中断等异常中断。该问题采用人工抽检方式,随机抽检约10%的微信公众号2021年的推文数据,经人工检验,此采集方法准确度为100%。

微信公众号预估粉丝数计算。该工作预估的粉丝数量,经从调查问卷获取的微信公众号粉丝数进行校验,其预估粉丝数和填报的粉丝数差距在±20%以内,在没有更好的计算方式和获取微信公众号真实粉丝数量的情况下,认为预估粉丝数具备使用价值。

4. 数据结果

在微信基础数据方面,共获得2749个县级融媒体中心代表性微信公众号信息;在微信推送信息方面,共获得1211个微信公众号2021年度发布推送信息(在采集样本1277个微信公众号中,有66个微信公众号2021年没有发布信息),采集微信推送数据2445849条,数据总容量为1 GB。

(二) 微博渠道数据获取

1. 数据源特点

微博是目前县级融媒体中心传播渠道的重要组成部分。根据调查,各县级融媒体中心的微博账号具有如下特点:① 县级融媒体中心成立后,以县级融媒体中心为备案主体,申请新的微博账号,承载县级融媒体传播功能;② 县级融媒体中心成立后,将原电视台、广播电台、政府办等微博账号承接过来,由融媒体中心统一运营;③ 县级融媒体中心可能运营多个微博账号;④ 部分发布的微博推文里一般会有"×××融媒体中心"的署名。

根据以上特点,以人工方式在微博搜索中搜索各县级融媒体中心的代表性微博账号,并记录其微博账号名称、账号ID、主办单位等信息,作为后续采集的信息源。主要的微博账号搜索工具为"微博移动端首页https://m.weibo.cn/"。经过人工搜索,共收集2264区县的2264个代表性微博账号。

微博的生态为开放生态,提供了网页、APP端等相关访问方式以及API访问方式,但全量爬虫采集仍可能涉及知识产权侵权行为,因此研究采用慢速爬虫方式(以不超过人工访问速度),模拟人的访问,对县级融媒体中心官方账号发布的目标数据进行采集。采集范围为所有2264个微博账号,采集的数据时段为2021年全年,采集时间为2022年6—10月。

2. 数据维度

本书根据评价体系要求,采集如下维度微博账号信息,如表4.5、表4.6所示。

表4.5 微博基础信息表

序号	采集字段	字段编码
1	微博账号ID	cateid
2	微博账号名称	catename
3	承办主体	cbzt
4	微博粉丝数	fans
5	所属省份	sssf

表4.6 微博推送信息表

序号	采集字段	字段编码
1	推文ID	Wbid
2	微博正文	Title
3	微博账号ID	Cateid
4	微博账号名称	catename
5	头条文章URL	Ttwzurl
6	原始图片URL	Ystpurl
7	被转发微博原始图片URL	Zftpurl
8	是否为原创微博	Sfyc
9	微博视频URL	Wbspurl
10	发布位置	Fbwz
11	发布时间	Fbsj
12	发布工具	Fbgj
13	点赞数	Dzs
14	转发数	Zfs
15	评论数	pls

3. 数据校验

县级融媒体中心代表性微博账号获取。该工作在开展时采用双人独立搜索，搜索结果一致则采纳，不一致则两人协商，对微博账号图文发布数量、活跃度、承办主体等进行人工评价，达成一致，其获取过程包含校验过程，因此此项工作不再验证。

微博账号基础数据和微博推送信息数据获取方法为：采用抽查约100个微博账号，利用新浪微博提供的API获取该100个校验账号的微博基础信息和微博推送信息数据，再通过人工与微博慢速爬虫爬取的数据进行校验。经计算，通过慢速爬虫爬取的数据准确率达98.65%（错误的条数主要是由于微博推文里包含非utf字符等，导致爬虫内容识别错误），数据完整率达到98.65%以上（错误原因与准确率相同）。

4. 数据结果

在微博基础数据方面，共获得2264个县级融媒体中心代表性微博账号信息；在微博推送信息方面，共获得1956个微博账号2021年度发布推送信息，采集微博推送数据4434963条，数据总容量为2.6 GB。

（三）抖音渠道数据获取

1. 数据源特点

抖音虽然不是目前县级融媒体中心"两微一端"组成部分，但短视频是媒体发展的一个重要趋势，抖音作为主要短视频平台是科技传播的重要阵地。根据调查，各县级融媒体中心的抖音账号具有如下特点：① 县级融媒体中心成立后，以县级融媒体中心为备案主体，申请新的抖音账号，承载县级融媒体传播功能；② 县级融媒体中心成立后，将原电视台、广播电台、政府办等抖音账号承接过来，由融媒体中心统一运营；③ 县级融媒体中心可能运营多个抖音账号。

根据以上特点，以人工方式在抖音搜索中搜索各县级融媒体中心的代表性抖音账号，并记录其抖音账号名称、账号URL、主办单位等信息，作为后续采集的信息源。主要的抖音账号搜索工具为"抖音PC端首页 https://www.douyin.com"。经过人工搜索，共收集2591区县的2591个代表性抖音账号。

抖音的生态为开放生态，提供了网页、APP端等相关访问方式以及API访问方式,但全量爬虫采集可能涉及知识产权侵权行为,因此研究采用慢速爬虫方式(不超过人工访问速度),模拟人的访问,对融媒体中心官方抖音账号发布的目标数据进行采集。采集范围为所有2591个抖音账号,采集的数据时段为2021年全年,采集时间为2022年6—10月。

2. 数据维度

本书根据评价体系要求,采集如下维度抖音账号信息。如表4.7、表4.8所示。

表4.7 抖音基础信息表

序号	采集字段	字段编码
1	抖音名称	catename
2	承办主体	cbzt
3	抖音账号URL	Dyurl
4	抖音粉丝数	fans
5	所属省份	sssf

表4.8 抖音视频信息表

序号	采集字段	字段编码
1	标题	Title
2	点赞	Dzl
3	转发	Zfl
4	评论	Pll
5	时长	Sc
6	时间	Fbsj
7	链接	nrurl

3. 数据校验

县级融媒体中心代表性抖音账号获取工作在开展时采用双人独立搜索,搜索结果一致则采纳,不一致则两人协商,对抖音账号视频发布数量、活跃度、承办主体等进行人工评价达成一致,其获取过程包含校验过程,因此此项工作不再单独验证。

抖音账号基础数据和抖音视频信息数据获取方法为：采用抽查约100个抖音账号，利用抖音提供的API获取该100个校验账号的抖音基础信息和抖音视频信息数据，再通过人工与抖音慢速爬虫爬取的数据进行校验，经计算，通过慢速爬虫爬取的数据准确率为94%（错误的条数主要是由于抖音推文里包含非utf字符等，导致爬虫内容识别错误），数据完整率达94%以上（错误原因与准确率相同）。

4.数据结果

在抖音基础数据方面，共获得2591个县级融媒体中心代表性抖音账号信息；在抖音视频信息方面，共获得2493个抖音账号2021年度发布视频信息，采集抖音视频数据1390340条，数据总容量为1.2 GB。

五　新媒体数据预处理

由于对微信、微博、抖音端采集的原始数据并不都是所需要数据，因此，需要对采集的数据进行清洗。围绕县级融媒体中心科技传播内容评价所需，在三个渠道数据获取后对获取内容进行清洗去噪，将县级融媒体中心科技传播的内容从原数据中剥离出来。

在自然语言处理（NLP）中，文本预处理非常关键，决定着后续实践的准确性。通过网络爬虫、RPA模拟人获取的文本数据包含了大量的杂乱信息，数据预处理阶段的主要任务是使用中文信息处理技术，对采集到的文本信息进行加工。包括数据清洗技术和中文分词技术，处理后的数据才能更好地适应后续的文本量化工作。

（一）数据清洗

数据处理层包括对数据的清洗、对数据过滤机制的制定、数据URL去重处理、数据高效降噪处理以及其他清洗处理配置。

① 爬虫获取的数据包含了很多特殊符号，如html标记、标点符号、表情符号以及其他非文本字符如"&、￥、#、@"等，还有链接、回车符、引用符等无关信息，该部分可采用正则表达式技术进行过滤。在本书中，通过调用Python的re模块，

通过对字符串匹配方式过滤无效字符串等无用信息。主要处理范围有：微信的标题、微信账号、微博的正文、抖音账号、抖音标题等字段。

②对于停用词，即出现频率较高却对文本语义无影响且无助于表达主题的词语，如"的、地、得、吧、也、假如、理当"等，通过引入停用词表，去除无意义的停用词以降低数据量和减少数据噪声。本书采用开源停用词表"中文停用词库""哈工大停用词表""四川大学停用词表""百度停用词表"合并处理，生成一个共有1598个停用词的停用词表，构建停用词库，通过用Python的re模块的字符串匹配过滤停用词。

③对于未登录词，如"新冠肺炎""新型冠状肺炎""抗疫""核酸""卫健委"等在疫情期间产生的词汇，及时获取并更新到现有语料库，以减少未登录词对分词结果的影响。

（二）中文分词

中文有别于西方文字，如英文是以单词为单位，每个单词之间有空格符号分割，而中文最小单元是词，由于没有空格分隔，为使语义通顺准确，需要准确地分割词语。所以使用中文分词技术对中文文本数据进行分词处理，也是预处理的重要环节。

常见的中文分词方法有三种：第一种是基于字典的分词方法，是通过文本和字典词条匹配的方式分词，缺点是处理歧义词能力差，不能识别新词；第二种是基于理解的方法，缺点是在规则提取和知识表达上难以被机器直接读取；第三种是基于统计的方法，包括隐马尔科夫模型、条件随机场（CRF）等，通过建立学习样本并生成模型，缺点是随着新词的日益增加，传统分词方法无法覆盖所有词语。本书采用一种基于统计词典的分词方法：Jieba分词。

Jieba分词是Python中文分词组件，有分词、词性标注、关键词抽取等功能，支持自定义词典。分词原理是首先基于前缀词典（dict.txt）生成Trie树，进行词图扫描，生成有向无环图（DAG），即生成几种可能的句子切分。利用动态规划查找最大概率路径，找出基于词频的最大切分组合，寻找最短路径后对句子进行截取。Jieba分词有精确模式、全模式和搜索引擎模式三种模式。精确模式是指将句子精确切开；全模式是指扫描所有可能成词的词语，速度快但不能解决歧义；搜索引擎模式是指对长词进行再次切分,适合用于搜索引擎分词。在本研究中,采用默认的精确模式进行中文分词。

六　新媒体数据文本量化

(一) 文本量化词典获取及维护

在此前的研究中,我们建立了科技(普)种子词库,设有8大分类共计1685个词。基于此,通过百度沸点提供的2020年和2021年年度关键词表,将2020—2021年的科技(普)关键词补充到已有的种子词库,作为本书文本量化的词典。其中,2020年汇总的是2019年的年度关键词,2021年汇总的是2020年的年度关键词,具体如表4.9所示。

表4.9　2020—2021年百度沸点年度关键词

年份	关键词类型	关键词列表
2020年	年度关键词	新中国成立70周年;流浪地球;我和我的祖国;垃圾分类;中国女排;男篮世界杯;凉山大火;乐队的夏天;996;AI
	年度事件	新中国成立70周年;5G商用;垃圾分类政策;男篮世界杯失利;李胜利事件;无锡高架坍塌;台风利奇马;张扣扣被执行死刑;凉山大火;崔雪莉去世
	年度国民骄傲	新中国成立70周年;中国女排卫冕;孙杨四连冠;大兴机场正式投用;男乒八连冠女乒九连冠;屠呦呦青蒿素新突破;地震预警倒计时;苏炳添6秒47;嫦娥四号着陆月背;长征十一号发射
	年度泪点	无锡高架坍塌;凉山大火;宜宾地震;巴黎圣母院大火;诗人李瑛去世;老佛爷去世;李鹏去世;《黑猫警长》导演戴铁郎去世;林清玄去世;恩施小学伤人事件
	年度热议	新中国成立70周年;守护香港;高考;高以翔去世;李心草溺亡;英货车39具遗体;国家勋章和国家荣誉称号;男篮世界杯;中国女排;崔雪莉去世

续表

年份	关键词类型	关键词列表
2021年	年度科技	AI;5G;区块链;AR;机器人;VR;AI寻人;智能家居;物联网;刷脸支付
	年度沸点人物	袁隆平;屠呦呦;郎平;任正非;苏炳添;柯洁;残雪;凉山州森林消防支队西昌大队;谢震业;付国豪
	年度关键词	疫情;全面小康;口罩;中国探火;回国;抗美援朝胜利70周年;中美关系;三十而已;乘风破浪的姐姐;科比逝世
	年度事件	新冠肺炎;武汉封城;全面小康;留学生回国;火星探测;复工复产;美国大选;中国颁布民法典;央行降准;美股熔断
	年度泪点	全国哀悼;抗疫英雄;科比逝世;赵忠祥逝世;申纪兰逝世;西昌火警牺牲;开国少将陈绍昆逝世;马拉多纳逝世;案板下学习的小女孩;黎巴嫩爆炸
	年度国民骄傲	中国探火工程;钟南山获得"共和国勋章";仪仗队亮相俄罗斯红场;北斗发射;新基建;民法典;抗美援朝胜利70周年;中国天眼正式运行;中国外交天团;火神山建设
	年度生活方式	口罩;直播带货;在家办公;在线网课;拒绝野味;宅家运动;云社交;外卖经济;在家理发;国内游
	2020年度骄傲人物	钟南山;张文宏;李兰娟;耿爽;陈薇;张继先;张定宇;王辰;韩红;樊锦诗
	2020年度热议人物	张玉环;孟晚舟;王德平;王亮;陈陆;武磊;陆勇;曹元元;顾德明;陈春秀
	2020年度知识热词	新型冠状病毒;凡尔赛文学;核酸检测;内卷;715工作制;职场PUA;新基建;云监工;"弹"性工作;股票熔断
	2020年度科技热词	口罩人脸识别;量子计算;虚拟人;脑机接口;无人出租车;工业物联网;云服务器;产业智能化;人工神经网络;智能红绿灯

根据以上关键词,提取并补充科技(普)种子词库,累计增加52个关键词,结果及分类如表4.10所示。

表4.10 种子词库关键词补充统计表

序号	分类	关键词列表
1	航空航天	中国探火；火星探测；中国探火工程；北斗发射；中国天眼正式运行；长征十一号发射；嫦娥四号着陆月背；大兴机场正式投用
2	健康与医疗	疫情；新冠肺炎；口罩；抗疫英雄；钟南山；张文宏；李兰娟；新型冠状病毒；核酸检测；屠呦呦；屠呦呦青蒿素新突破
3	能源利用	
4	气候与环境	袁隆平；垃圾分类
5	前沿技术	口罩人脸识别；量子计算；虚拟人；脑机接口；无人出租车；工业物联网；云服务器；产业智能化；人工神经网络；智能红绿灯；AI；5G；区块链；AR；机器人；VR；AI寻人；智能家居；物联网；刷脸支付
6	食品安全	
7	信息科技	5G商用
8	应急避险	武汉封城；新冠肺炎；疫情；西昌火警牺牲；凉山大火；无锡高架坍塌；台风利奇马；地震预警倒计时；宜宾地震

注：序号3、6所在分类未添加新的关键词。

（二）量化统计及入库

经过预处理的数据，再利用Python的re库将分词结果与匹配词典进行匹配，并将每个分类的匹配次数记录在采集数据之后。新增的量化统计字段如表4.11所示。

表4.11 量化统计字段表

序号	种子词库分类	字段编码
1	航空航天	Hkht
2	健康与医疗	Jkyl
3	能源利用	Nyly
4	气候与环境	Qhhj
5	前沿技术	Qyjs
6	食品安全	Spaq
7	信息科技	Xxkj
8	应急避险	Yjbx

在量化过程中,以每一类的所有种子词与分词结果进行匹配,匹配一次记为1,累计匹配几次就依次累加。各字段初始值为0,如果大于0,则代表该记录匹配字段所代表的分类,数字是几即代表该类累计匹配多少次。做完量化标记后,将所有的微信、微博、抖音基础信息和微信、微博、抖音采集数据统一导入到Mysql数据库中,以利于后续检索统计。通过数据清洗、中文分词和文本量化,在微信渠道中发现479691条科技(普)相关的推文,8个分类累计标注783683次;微博渠道中发现1481200条科技(普)相关的推文,8个分类累计标注6561980次;抖音渠道中发现314728条科技(普)相关的推文,8个分类累计标注582321次。此信息源将作为后续评估和数据报告的信息源。

第五章 县级融媒体中心科技传播能力评价

县级融媒体中心的传播状况表现出数量较大、传播渠道多样、传播渠道不一等特征,而县级融媒体中心科技传播内嵌于县级融媒体中心传播之中,其能力评价较为困难。本书构建了基于犹豫模糊语言投影算法的县级融媒体中心科技传播能力评价模型。该评价模型有较高的可靠性和区分度,针对县级融媒体中心的评价问题有较好的适用性和实用性。

通过第四章的研究可知,问卷调查获取的传统媒体数据收集并不完整,因此,本章依据前面建立的评价指标体系,只对2021年采集数据完整的534个科普示范县融媒体中心进行科技传播能力整体评价,对1277个县级融媒体中心新媒体科技传播能力进行评价。

一、县级融媒体中心科技传播评价问题描述

虽然第四章通过多种渠道取得了县级融媒体中心科技传播的基础数据,解决了评价所需数据的科学来源问题,但在计算中基于数据本身的特性又遇到了不可回避的问题。

(一) 数据处理难度较大

第一,数据量大。目前我国县级行政单位已经基本完成了媒体资源整合和机构建设,县级融媒体中心基本建设完成。每一个县级融媒体中心本身融合了多种传播渠道,既包括了传统媒体如广播、电视、报纸,也包括了新媒体如微信、微博、客户端。尤其新媒体渠道覆盖的1277个县的样本量,不同渠道总体数据量很大。第二,数据标准化难度大。不同传播渠道的数据量级不同,同一传播渠道不同县级融媒体中心的数据差异较大,如何将不同渠道的数据标准化、同一渠道数据降级处理,选择合适的数据处理方法是解决该问题的关键。

(二) 数量存在差异与缺失

第一,传统媒体和新媒体融合程度不同,有些全部融合,有些部分融合,有些只关注新媒体。第二,开展科技传播的渠道不同,有些通过电视报纸,有些通过"两微一端",有些通过抖音、快手等短视频。第三,对科技传播的重视程度不同,有些列入中心工作,有些配合科协工作,有些流于应付不太重视。第四,对科技传播的理解有所不同,传播内容有些是转发,有些是原创,有些能够结合热点引导公众。第五,不同县级融媒体中心的地域差异性也导致数据差异较大。第六,传统媒体网络留痕少,导致了部分数据的缺失。这些因素导致县级融媒体中心本身并不在一个起点上,对指标体系的设计也应尽量对差异进行均衡。因此针对全国2800多个县级融媒体中心开展横截面的评价难度较大,需要在研究方法上予以创新。

(三) 传播内容区分度低

通过县级融媒体中心开展科技传播,不仅要将科学知识与技能传播出去,还要突出科技的引领作用,发挥服务县域发展,助力乡村振兴,改善基层人民的生产生活方式,促进公民科学素质提升的目标。当前县级融媒体中心进入了垂直领域的建设发展阶段,需针对科技领域提供深度相关的信息和内容传播。然而,科技传播的范围较为宽泛,无论是科技前沿还是一般科学知识普及,是常态化科技传播内容还是应急科技传播内容,都是内嵌于县级融媒体中心总体传播范围的,需要对县级融媒体中心科技传播内容进行精准分类。这些内容该如何去体现、度量,是在评价中也要进行思考与提炼的。

二 评价方法选择

关于县级融媒体中心科技传播能力评价的方法,可选择的不止一种。本书对比了犹豫模糊语言有序加权欧式距离方法、最大偏差方法以及犹豫模糊语言投影算法等方法后,选取犹豫模糊语言投影算法作为本书的评价方法。

相较于犹豫模糊语言有序加权欧式距离方法只考虑正理想解作为参考对象,犹豫模糊语言投影算法还考虑到负理想解的距离对最终评价结果的影响。因为在实际情况中,评价者不仅会考虑两个向量之间的差异,向量的方向性也是非常重要的一个影响因素。此外,与欧式距离方法中评价人员直接提供评价矩阵不同的是,本书所采用方法中的评价矩阵可以根据各县级融媒体中心科技传播能力体系中指标数据的实际情况获取。因此,针对县级融媒体中心科技传播能力评价问题,与欧式距离方法相比,本书采用的方法具有更高的准确性和合理性。

而最大偏差模型与本书采用方法相比,其原理是通过计算评价矩阵中同列不同行的两个元素之间的差异,并比对得到评价结果。其局限性是只使用最大值和最小值之间的差值来测量两个犹豫模糊语言术语集的距离,因此不能够较完整地保留对原始数据的利用。此外,也没有考虑到向量的方向,从某种意义来讲这个方法在综合性能上有所欠缺。因此,本书采用基于犹豫模糊语言投影算法具有更高的准确性。

基于不同模型的优势对比,选择基于犹豫模糊语言投影模型解决县级融媒体中心科技传播能力评价问题的原因归纳如下:

① 在县级融媒体中心科技传播能力实际评价过程中,往往会遇到不确定的情况,准则制定或选择的问题也比较复杂。本书引入犹豫模糊语言术语集有利于评价者对县级融媒体中心科技传播能力评价问题进行模糊描述,也利于初始数据的评价。

② 充分考虑各县级融媒体中心科技传播能力体系中指标数据的实际情况。在真实数据获取的基础上，本书提出了不同数据源评价维度的融合方法，并利用犹豫模糊语言元素进行描述，相较于由评价人员直接给出评价矩阵的方法，提高了数据处理的合理性和准确性。

③ 评价人员进行评价工作常常有评价维度的差异，这个差异带来的直接影响就是误差，而本书引入投影模型可以有效解决该问题。又因犹豫模糊语言下各县级融媒体中心科技传播能力评价得分差距常表现为较短的距离，该模型对短距测量有着很高的区分度。因此表现出其特有的优势。

④ 该方法对两个不同县级融媒体中心指标偏好关系矩阵与评价矩阵中元素均进行两两比对，得出正负理想方案后，再计算出各县级融媒体中心与该理想方案的距离，体现出此模型在解决定性评价问题时的适用性。

综上所述，使用投影模型解决县级融媒体中心科技传播能力评价问题有着较多的优势，表现出较高的可靠性和较理想的适用性。因此本书使用基于犹豫模糊语言投影的评价模型来解决县级融媒体中心科技传播能力的评价问题。

三 评价方法的理论背景

（一）语言术语集

定性表示可通过语言形式的变量被描述成语言值，由此提出了 linguistic term set(LTS) 的定义，以及定义了 LTS 的一般表达形式和常见特征等。

定义 1 设 $S = \{s_\nu | \nu = -\tau, \cdots, -1, 0, 1, \cdots, \tau\}$ 是一个语言术语集，通常有如下几个特征：

（1）此集为有序的排列方式：$s_\phi > s_\varphi$，当且仅当 $\phi > \varphi$；

（2）可进行否定运算：$neg(s_\phi) = s_{-\phi}$；

（3）若 $s_\phi > s_\varphi$，那么 $\max\{s_{-\phi}, s_\varphi\} = s_\phi$，$\min\{s_\phi, s_\varphi\} = s_\varphi$。

对于任意两个语言术语 $s_\phi, s_\varphi \in S$，共有三个基本操作：$s_\phi \oplus s_\varphi = s_{\phi+\varphi}$，$s_\phi \odot s_\varphi = s_{\phi-\varphi}$，$\lambda s_\phi = s_{\lambda\phi}$。

常见的 LTS 一般形式有：$S = \{s_{-4}:极其差, s_{-3}:非常差, s_{-2}:差, s_{-1}:有点差, s_0:一般, s_1:有点好, s_2:好, s_3:非常好, s_4:极其好\}$。

（二）犹豫模糊语言术语集

基于语言术语集，可进一步定义犹豫模糊语言术语集，表示为连续语言术语的有序且有限子集 S。令 $S = \{s_{-4}:极其差, s_{-3}:非常差, s_{-2}:差, s_{-1}:有点差, s_0:一般, s_1:有点好, s_2:好, s_3:非常好, s_4:极其好\}$，则 S 上的犹豫模糊语言术语集可以定义为：

定义 2 $h_i(i=1,2,3)$ 为犹豫模糊语言元素，其中，$h_1 = \{s_2, s_3\}$，$h_2 = \{s_1\}$，$h_3 = \{s_{-1}, s_0\}$。

由此可以得知，犹豫模糊语言元素 h 可通过如下公式来得到元素的上下界：

(1) 下界：$h^- = \min(s_v) = s_h, s_v \in h$ 且 $s_v \geq s_h$；
(2) 上界：$h^+ = \max(s_v) = s_h, s_v \in h$ 且 $s_v \leq s_h$。

考虑到经常需要在评价过程中对犹豫模糊语言元素 s 进行排序，所以提出犹豫模糊语言元素 $h = \{s_l | l = 1, \cdots, L^{(h)}\}$ 的得分函数及方差函数：$\rho(h) = s_{\frac{1}{L}\sum_{l=1}^{L} l}$ 以及 $\sigma(h) = s_{\frac{1}{L}\sqrt{\sum_{s_m,s_n \in h}(m-n)^2}}$，其中 $L^{(h)}$ 是 h 中语言术语的数量。

（三）误差分析

考虑随机误差的传递问题，关于随机误差传递的一般关系式可定义为：

定义 3 设 $Y = \{y_1, y_2, \cdots, y_n\}$ 是一组随机变量。一个随机函数由 $z = f(y_1, y_2, \cdots, y_n), y_i \in Y$ 给出，假设变量 y_i 的随机误差为 $\sigma_{y_i}^2$，则 z 的随机误差为

$$\sigma_z^2 = \sum_{i=1}^{n}\left(\frac{\partial f}{\partial y_i}\right)^2 \sigma_{y_i}^2 + 2\sum_{1 \leq i < j \leq n}\frac{\partial f}{\partial y_i}\frac{\partial f}{\partial y_j}\rho_{ij}\sigma_{y_i}\sigma_{y_j} \tag{1}$$

其中，ρ_{ij} 是相关系数。在 $\rho_{ij} = 0$ 的情况下，对于所有的 $i, j = 1, 2, \cdots, n$，即变量 $y_i(i = 1, 2, \cdots, n)$ 的随机误差是相互独立的，进而公式(1)可简化为

$$\sigma_z^2 = \sum_{i=1}^{n}\left(\frac{\partial f}{\partial y_i}\right)^2 \sigma_{y_i}^2 \tag{2}$$

在实际应用中，相对于标准随机误差 $\sigma_{y_i}(i=1,2,\cdots,n)$，很容易提供误差的范围 $\Delta y_i(i=1,2,\cdots,n)$。因此公式（2）可转化为

$$(\Delta z)^2 = \sum_{i=1}^{n}\left(\frac{\partial f}{\partial y_i}\right)^2(\Delta y_i)^2 \qquad (3)$$

四　评价的基本思路

针对县级融媒体科技传播能力评价问题来确定县级融媒体科技传播能力评价的基本思路[①]。主要基于上述涉及的三个问题建立评价模型，通过犹豫模糊语言术语集融合不同渠道的信息；通过犹豫模糊语言误差分析方法确定指标权重，最后采用余弦相似度的投影方法进行评价和排序。

基于县级融媒体中心科技传播能力的评价维度和指标，设 $C=\{C_q|q=1,2,\cdots,M\}$ 为各县级融媒体中心科技传播能力评价的指标集合。$G=\{G_p|p=1,2,\cdots,N\}$ 为待评价的各县级融媒体中心科技传播能力的集合。$\omega=(\omega_1,\omega_2,\cdots,\omega_M)^T$ 是指标集对应的权重向量，其中 $\omega_q\in[0,1]$，另外当任意 $q\in\{1,2,\cdots,M\}$ 时 $\sum_{q=1}^{M}\omega_q=1$。

首先，获取各县级融媒体中心科技传播能力指标集的两两比较矩阵。邀请 8~10 位县级融媒体中心研究领域的专家评价人员针对县级融媒体中心科技传播能力的指标集进行评价，并对各专家评价人员意见进行汇总，得到各指标集两两比较矩阵，并采取犹豫模糊术语方式描述，即得到犹豫模糊语言下的偏好关系矩阵，该矩阵常表示为

$$R=\left(r_{qq}\right)_{M\times M}=\begin{pmatrix} r_{11} & r_{12} & \cdots & r_{1M} \\ r_{21} & r_{22} & \cdots & r_{2M} \\ \vdots & \vdots & \ddots & \vdots \\ r_{M1} & r_{M2} & \cdots & r_{MM} \end{pmatrix}_{M\times M} \qquad (4)$$

[①] 武丹,张鑫.基于犹豫模糊语言投影算法的县级融媒体科技传播能力评价模型[J].技术经济,2022,41(8):123-135.

其次，获取各县级融媒体中心科技传播能力评价矩阵。该矩阵由本书所提出的不同数据源评价维度的融合方法获得，同样采用犹豫模糊语言术语表示，该评价矩阵表示为

$$H = (h_{pq})_{N \times M} = \begin{pmatrix} h_{11} & h_{12} & \cdots & h_{1M} \\ h_{21} & h_{22} & \cdots & h_{2M} \\ \vdots & \vdots & \ddots & \vdots \\ h_{N1} & h_{N2} & \cdots & h_{NM} \end{pmatrix}_{N \times M} \quad (5)$$

进而，为了获得每个指标的标准权重，考虑使用误差分析的方法来对数据进行处理。借助专家评价人员对指标偏好关系的描述结果，分步对权重向量进行计算。首先是得到各个指标下的中位数权重向量 $\bar{\omega}_q = (\bar{\omega}_1, \bar{\omega}_2, \cdots, \bar{\omega}_M)^T$，然后再计算出各个指标的传播误差 $\Delta \bar{\omega}_q$，并以此得到区间上的 $\tilde{\omega}_q = [\tilde{\omega}_q^-, \tilde{\omega}_q^+]$，从而获得更加精确的标准权重。

最后，对各县级融媒体中心科技传播能力进行排序优选以及针对性分析。在此过程中需要使用投影的思想，依据投影模型计算出各县级融媒体中心科技传播能力评价向量分别与正负理想解之间的余弦相似度，并与向量的模做相乘运算从而得到排序结果。

本书提出基于犹豫模糊语言投影算法对全国县级融媒体中心科技传播能力进行评价。该模型的关键在于对不同数据源评价维度的融合、误差分布形式下标准权重的求解、投影模型对于角标的处理以及被评价的各县级融媒体中心科技传播能力集合与正负理想解之间的余弦相似度计算、最后根据综合评价值进行排序等过程。

五　县级融媒体中心科技传播能力评价模型的建立

本书基于犹豫模糊语言投影算法构建县级融媒体中心科技传播能力评价模型。

（一）基于犹豫模糊语言术语集的不同数据源评价维度融合

由我国县级融媒体中心发展情况可知，各县级媒体传播渠道不尽相同。若用不同数据源评价维度分别构建融媒体中心科技传播能力评价模型则会增加模型的复杂性。因此，本书考虑利用犹豫模糊语言术语融合多源评价维度，在降低模型难度的同时亦可保留不同数据源的原始信息。基于所构建的 L 个方面和 $C = \{C_q | q = 1, 2, \cdots, M\}$ 项细化指标的县级融媒体中心科技传播能力评价指标体系，假设有 $G = \{G_p | p = 1, 2, \cdots, N\}$ 个县级融媒体中心，综合考虑各县级融媒体中心在融媒体科技传播能力发展过程中应用的传播渠道，将传播渠道表示为 k。

针对第 G_p 个县级融媒体中心的第 C_q 个指标的不同数据源评价维度的融合问题，具体步骤如下：

步骤1：针对 $G = \{G_p | p = 1, 2, \cdots, N\}$ 个县级融媒体中心，每个县级有 K 种传播渠道 $G^k = \{G_p^k | p = 1, 2, \cdots, N; k = 1, 2, \cdots, K\}$，各县级的每种渠道下有 C 个评价指标，评分值为 x_{pq}^k，则构建判断矩阵为 $x^k = (x_{pq}^k)_{N \times M}$（$k=1,2,\cdots,K; p=1,2,\cdots,N; q=1,2,\cdots,M$）。需要注意的是，存在部分项目在不同渠道下的评价指标值为缺失值的情况，将缺失值设置为0。

步骤2：对判断矩阵进行标准化处理：

$$\bar{x}_{pq}^k = \begin{cases} \dfrac{x_{pq}^k}{x_{\max}^k} & (k \in 收益型指标) \\ \dfrac{x_{\min}^k}{x_{pq}^k} & (k \in 成本型指标) \end{cases} \tag{6}$$

其中，$x_{\max}^k, x_{\min}^k$ 为所有项目在各渠道下指标 q 的最大值和最小值。

步骤3：对第 k 个渠道下第 q 个指标的 N 个县级融媒体中心的标准化评分值按照降序进行排序，获得新的判断矩阵 $\tilde{X}^k = (\tilde{x}_{pq}^k)_{N \times M}$（$k = 1, 2, \cdots, K; p = 1, 2, \cdots, N; q = 1, 2, \cdots, M$），其中 $\tilde{x}_{pq}^k$ 为降序后的标准化评分值。

步骤4：根据标准化指标值 $\tilde{x}_{pq}^k$，去除各渠道下指标值为0的县级融媒体中心，记为 $D(D \ll N)$。将 D 个县级融媒体中心按照标准化指标值排序结果划分为 $2\tau+1$ 个区间，并以LTS的形式表示，即 $S = \{s_{-\tau}, s_{-\tau+1}, \cdots, s_0, \cdots, s_{\tau-1}, s_\tau\}$。针对第 d 个县

级融媒体中心，第k个渠道的指标值表示规则为

$$f\left(c_{pq}^k\right)=s_l^k \in \begin{cases} s_\tau^k & \left(\left(\dfrac{2\tau}{2\tau+1}D_p^k\right)<c_{pq}^k\leq D_p^k\right) \\ s_{\tau-1}^k & \left(\left(\dfrac{2\tau-1}{2\tau+1}D_p^k\right)<c_{pq}^k\leq\left(\dfrac{2\tau}{2\tau+1}D_p^k\right)\right) \\ \cdots \\ s_{-\tau}^k & \left(\left(\dfrac{1}{2\tau+1}D_p^k\right)<c_{pq}^k\leq 1\right) \end{cases} \quad (7)$$

其中，c_{pq}^k表示第k个渠道、第q个指标下，第p个县级在D_p^k个县级中的位置。

例如，第p个县级的第$k(k=1,2,\cdots,K)$个渠道下的第q个指标依据规则表示为s_0。

步骤5：设计融合规则。对k个渠道下各项目的指标表示情况进行融合，最终第q个指标以犹豫模糊语言术语表示，获取评价矩阵。其融合规则如下：

令$S=\{s_{-\tau},s_{-\tau+1},\cdots,s_0,\cdots,s_{\tau-1},s_\tau\}$，$\hat{S}=\{h_a|h_a\subset S\}$。其中，$h_1=\{s_2,s_3\}$，$h_2=\{s_1\}$，$h_3=\{s_{-1},s_0\}$，$h_{pq}(p=1,2,\cdots,N,q=1,2,\cdots,M)$即为犹豫模糊语言元素（犹豫模糊语言元素）。若$f(c_{pq}^k)\subset S$，则添加到$h_{pq}$中，若不包含，则不添加，若$h_{pq}$中的元素重复出现，只需保留1次。最终获得各县级融媒体中心科技传播能力评价矩阵：

$$H=\begin{pmatrix} h_{11} & h_{12} & \cdots & h_{1M} \\ h_{21} & h_{22} & \cdots & h_{2M} \\ \vdots & \vdots & \ddots & \vdots \\ h_{N1} & h_{N2} & \cdots & h_{NM} \end{pmatrix}_{N\times M} \quad (8)$$

例如，第p个县级融媒体中心的第q个指标用犹豫模糊语言元素表示为$h_{pq}=\{s_2,s_3\}$。

（二）基于犹豫模糊语言误差分析的指标权重的确定

根据上述融合后的评价矩阵确定其对应指标的权重。本书采用误差分析方法确定指标权重。针对县级融媒体中心科技传播能力评价问题，通过问卷调查方式收集各县级融媒体中心的指标评价信息，由于各县级融媒体中心的发展情况不同，考虑不同县级融媒体中心科技传播能力问题涉及的可参考因素较为复杂，使

得相关评价人员无法直接获取标准权重。因此基于县级融媒体中心科技传播能力相关指标之间存在偏好关系,采用误差分析方法获取不同指标的权重。

基于误差分析方法在犹豫模糊元素表示方面也不尽相同,其具体表示:

定义4 犹豫模糊语言元素 $\gamma = \{\gamma^l | l = 1, 2, \cdots, L^{(\gamma)}\}$,对于 $l \in \{1, 2, \cdots, L^{(\gamma)}\}$ 有 $\gamma^+ = \max(\gamma^l), \gamma^- = \min(\gamma^l)$,基于误差分布的形式对 γ 进行如下表达:

$$\gamma = \bar{\gamma} \oplus \Delta\gamma \quad \text{或者} \quad \gamma = \bar{\gamma} \odot \Delta\gamma \tag{9}$$

其中,$\bar{\gamma} = \dfrac{1}{L^{(\gamma)}} \underset{\gamma^l \in \gamma}{\oplus} \gamma^l, \Delta\gamma = \dfrac{1}{2}(\gamma^+ \oplus \gamma^-)$。

根据误差分布的特点,求解中位数权重向量时借助标准值的绝对偏差来计算:

$$\dot{R} = \overline{R} \oplus \Delta\dot{R}, \quad \dot{R} = \overline{R} \odot \Delta\dot{R} \tag{10}$$

其中,$\overline{R} = (\bar{\gamma}_{qs})_{M \times M}, \Delta\dot{R} = (\Delta\bar{\gamma}_{qs})_{M \times M}, \bar{\gamma}_{qs} = \dfrac{1}{L_{qs}} \underset{\gamma_{qs}^l \in \gamma_{qs}}{\oplus} \gamma_{qs}^l, \Delta\gamma_{qs} = \dfrac{1}{2}(\gamma_{qs}^+ \oplus \gamma_{qs}^-)$。

为了避免不同维度差异对县级融媒体中心科技传播能力评价体系的影响,本书对平均矩阵 $\overline{R} = (\bar{\gamma}_{qs})_{M \times M}$ 进行标准化处理,进而得到新的矩阵 $\bar{A} = (\bar{a}_{qs})_{M \times M}$,对于此矩阵有如下解释:

$$\bar{a}_{qs} = s_\varepsilon \tag{11}$$

其中,$\varepsilon = I(\bar{\gamma}_{qs}) / \sum\limits_{s=1}^{M} I(\bar{\gamma}_{qs})$。

随之,欲得到每个指标与其余指标相比的平均优势,即平均评价值

$$a_q = \dfrac{1}{M}\left(\underset{s=1}{\overset{M}{\oplus}} \bar{a}_{qs}\right) \quad (q = 1, 2, \cdots, M) \tag{12}$$

依据式(12)得出 $a_q = s_{\frac{1}{M}}$。

基于式(9)~式(12),已求得标准矩阵 $\bar{A} = (\bar{a}_{qs})_{M \times M}$ 和平均评价值 a_q,为了进一步表达某一指标与另一指标之间的偏好关系相较平均评价值之间的距离,本书采用绝对偏差矩阵 $A = (\dot{a}_{qs})_{M \times M}$ 进行计算,如下式所示:

$$\dot{a}_{qs} = |\bar{a}_{qs} \odot a_q| \quad (q, s = 1, 2, \cdots, M) \tag{13}$$

按行对各县级融媒体中心科技传播能力指标下的绝对偏差求和,即可得出每

个指标的重要程度。结合计算过程可知,绝对偏差总和与指标的重要程度成正比,绝对偏差总和较大的行对应的指标相对其他指标重要程度更高,反之就越不重要。

进而基于下式求出各指标中位数权重向量 $\bar{\omega}_q = (\bar{\omega}_1, \bar{\omega}_2, \cdots, \bar{\omega}_M)^T$:

$$\bar{\omega}_q = \sum_{s=1}^{M} I(\dot{a}_{qs}) / \sum_{q=1}^{M}\sum_{s=1}^{M} I(\dot{a}_{qs}) \quad (q=1,2,\cdots,M) \tag{14}$$

其中,$I(\dot{a}_{qs})$ 为 $\dot{a}_{qs}$ 的下标。

基于式(14),使用推导各指标中位数权重向量方法的优势是将每一个元素的数据都做了处理,对原始数据的利用非常充分,没有遗落下初始信息进而得出的结果也更具说服力。

因此,根据式(11)和误差传递公式(1)~式(3),进而得出

$$\Delta\left(I(\bar{a}_{qs})\right)^2 = \frac{1}{\left(\sum_{t=1}^{M} I(\bar{r}_{ts})\right)^4} \left[I(\Delta r_{qs})^2 \left(\sum_{\substack{t=1 \\ t \neq i}}^{M} I(\bar{r}_{ts})\right)^2 + I(\bar{r}_{qs})^2 \left(\sum_{\substack{t=1 \\ t \neq i}}^{M} I(\Delta r_{ts})^2\right) \right] \tag{15}$$

然后,基于上述方程,我们可以推导出指标权重在犹豫模糊语言环境下的传播误差:

$$\Delta\tilde{\bar{\omega}}_q^2 = \frac{1}{\left[\sum_{t=1}^{M}\sum_{s=1}^{M}\left|I\left(\bar{a}_{ts}-\frac{1}{M}\right)\right|\right]^4} \left\{ \left[\sum_{\substack{t=1 \\ t \neq i}}^{M}\sum_{s=1}^{M}\left|I\left(\bar{a}_{ts}-\frac{1}{M}\right)\right|\right]^2 \sum_{s=1}^{M}\Delta\left(I(\bar{a}_{qs})\right)^2 \right.$$

$$\left. + \left[\sum_{s=1}^{M}\left|I(\bar{a}_{qs})-\frac{1}{M}\right|\right]^2 \sum_{\substack{t=1 \\ t \neq i}}^{M}\sum_{s=1}^{M}\Delta\left(I(\bar{a}_{ts})\right)^2 \right\} \tag{16}$$

由此得到县级融媒体中心科技传播能力指标偏好关系的区间权重向量:

$$\tilde{\omega}_q = \left[\tilde{\omega}_q^-, \tilde{\omega}_q^+\right] = \left[\max\{\bar{\omega}_q - \Delta\bar{\omega}_q, 0\}, \min\{\bar{\omega}_q + \Delta\bar{\omega}_q, 1\}\right] \quad (q=1,2,\cdots,M) \tag{17}$$

该式表明了县级融媒体中心科技传播能力指标重要程度的范围。此外,通过把中位数权重与权重传播误差相结合得出各县级融媒体中心科技传播能力评价时指标的区间上的权重向量,能够获得更加准确的权重误差。

进而借助可能性度公式来对区间权重向量 $\tilde{\omega}_q$ 做下一步处理:

$$p_{qs}(\tilde{\omega}_q \geq \tilde{\omega}_s) = \max\left\{1 - \max\left\{\frac{\tilde{\omega}_s^+ - \tilde{\omega}_q^-}{\tilde{\omega}_q^+ - \tilde{\omega}_q^- + \tilde{\omega}_s^+ - \tilde{\omega}_s^-}, 0\right\}, 0\right\} \quad (18)$$

根据式(18)的计算结果得出可能性度矩阵 $P = (p_{qs})_{M \times M}$ 需要满足如下条件：

$$p_{qs} \geq 0, \quad p_{qs} + p_{sq} = 1, \quad p_{qq} = 0.5 \quad (q, s = 1, 2, \cdots, M) \quad (19)$$

由下式对标准权重进行求解：

$$\omega_q = \frac{1}{M(M-1)}\left(\sum_{s=1}^{M} p_{qs} + \frac{M}{2} - 1\right) \quad (q = 1, 2, \cdots, M) \quad (20)$$

基于上述公式，误差分析方法可以有效地解决评价过程中犹豫不决的模糊语言信息，尤其是解决县级融媒体中心科技传播能力的相关评价指标中的犹豫模糊语言信息。误差分析的方法极大程度上利用了原始数据信息，有助于更合理地评价各县级融媒体中心科技传播能力。

（三）基于余弦相似度的投影距离的计算

首先对犹豫模糊语言元素表示的各县级融媒体中心科技传播能力评价向量进行求模运算。进而，求解各县级融媒体中心科技传播能力评价向量与评价矩阵 H 正负理想解的余弦相似度及投影距离。最后对县级融媒体中心科技传播能力进行评价。

首先，对投影模型的角标进行处理，其语言术语集做如下定义：

定义5 令 $I: S \to [-\tau, \tau]$ 表示 S 的变化范围为 $[-\tau, \tau]$，由此一来 $I(s_v) = v$，其中 $s_v \in S$，那么便有反函数 $I^{-1}:[-\tau, \tau] \to S$，进而有 $I^{-1}(v) = s_v$，其中 $\forall v \in [-\tau, \tau]$。

根据定义5，则可以得知 $I(h_{pq}^l)(l = 1, 2, \cdots, L_{pq}^{(h)})$ 表示犹豫模糊元素 $h_{pq}^l(l = 1, 2, \cdots, L_{pq}^{(h)})$ 的下角标，因此犹豫模糊语言元素可以被改写成 $[0,1]$ 之间的数：

$$V(h_{pq}^l) = \frac{|I(h_{pq}^l)|}{2\tau} \in [0, 1] \quad (21)$$

其次，由公式(11)和(12)可以进一步得出每个县级融媒体科技传播能力评价向量的模：

$$|G_p| = \sqrt{\sum_{q=1}^{M}\left(\frac{\omega_q}{L_{pq}^{(h)}}\sum_{l=1}^{L_{pq}^{(h)}}\left(V\left(h_{pq}^l\right)\right)^2\right)} \tag{22}$$

基于各县级融媒体中心在犹豫模糊语言下的评价矩阵，本书采用犹豫模糊语言环境中的犹豫模糊语言正理想解 $G^+ = \{h_1^+, h_2^+, \cdots, h_M^+\}$ 与负理想解 $G^- = \{h_1^-, h_2^-, \cdots, h_M^-\}$ 进行各县级融媒体中心科技传播能力的评价，其正负理想解分别如下式所示：

$$h_q^+ = \begin{cases} \max\limits_{p=1,2,\cdots,N} h_{pq}^+, & C_q \text{ 为效益型属性} \\ \min\limits_{p=1,2,\cdots,N} h_{pq}^-, & C_q \text{ 为成本型属性} \end{cases} \quad (q=1,2,\cdots,M) \tag{23}$$

$$h_q^- = \begin{cases} \max\limits_{p=1,2,\cdots,N} h_{pq}^-, & C_q \text{ 为效益型属性} \\ \min\limits_{p=1,2,\cdots,N} h_{pq}^+, & C_q \text{ 为成本型属性} \end{cases} \quad (q=1,2,\cdots,M) \tag{24}$$

通过以上的公式，每个县级融媒体中心科技传播能力评价向量与犹豫模糊语言正理想解 G^+ 之间的余弦相似度为

$$\begin{aligned}
\cos(G_p, G^+) &= \frac{\sum_{q=1}^{M}\left[\frac{\omega_q}{L_{pq}^{(h)}}\sum_{l=1}^{\#L_{pq}}\left(V\left(h_{pq}^l\right)V\left(\left(h_q^l\right)^+\right)\right)\right]}{|G_p||G^+|} \\
&= \frac{\sum_{q=1}^{M}\left[\frac{\omega_q}{L_{pq}^{(h)}}\sum_{l=1}^{\#L_{pq}}\left(\frac{|I(h_{pq}^l)|}{2\tau}\frac{|I((h_q^l)^+)|}{2\tau}\right)\right]}{\left[\sum_{q=1}^{M}\left[\frac{\omega_q}{L_{pq}^{(h)}}\sum_{l=1}^{\#L_{pq}}\left[\frac{I(h_{pq}^l)}{2\tau}\right]^2\right]\times\sum_{q=1}^{M}\left[\frac{\omega_q}{L_{pq}^{(h)}}\sum_{l=1}^{\#L_{pq}}\left[\frac{I((h_q^l)^+)}{2\tau}\right]^2\right]\right]^{\frac{1}{2}}} \\
&= \frac{\sum_{q=1}^{M}\left[\frac{\omega_q}{L_{pq}^{(h)}}\sum_{l=1}^{\#L_{pq}}\left(|I(h_{pq}^l)||I((h_q^l)^+)|\right)\right]}{\left[\sum_{q=1}^{M}\left[\frac{\omega_q}{L_{pq}^{(h)}}\sum_{l=1}^{\#L_{pq}}\left[I(h_{pq}^l)\right]^2\right]\times\sum_{q=1}^{M}\left[\frac{\omega_q}{L_{pq}^{(h)}}\sum_{l=1}^{\#L_{pq}}\left[I((h_q^l)^+)\right]^2\right]\right]^{\frac{1}{2}}}
\end{aligned} \tag{25}$$

其中，$|G^+| = \sqrt{\sum_{q=1}^{M}\left[\frac{\omega_q}{L_q^+}\sum_{l=1}^{L_q^+}\left[V\left(\left(h_q^l\right)^+\right)\right]^2\right]}$。同理可以计算出每个县级融媒体中心科技传播能力评价向量与负理想解 $G^- = \{h_1^-, h_2^-, \cdots, h_M^-\}$ 之间的余弦相似度 $\cos(G_p, G^-)$。$\#L_{pq}$ 是犹豫模糊元素 h_{pq} 和 h_q^+ 中最大长度，即 $\#L_{pq} = \max\{L_{pq}^{(h)}, L_q^+\}$，此处采用了乐观的方法把较短的元素长度扩增为较长的元素长度。

例如，$\#L_{pq} = \max\{3, 2\} = 3$，其中 $h_q^+ = \{s_2, s_3\}$ 在计算时则相应变换为 $h_q^+ = \{s_2, s_3, s_3\}$。

由于向量的特点为既考虑模的大小又考虑方向性，而 $\cos(G_p, G^+)$ 只能反映出两个对象 G_p 和 G^+ 之间在方向上的相似性度量，而没有考虑到向量模的大小。为较为准确地全面衡量出 G_p 和 G^+ 之间的相似度，需要借助投影的思想，具体如下：

$$\begin{aligned}\Pr j_{G^+ G_p} &= |G_p|\cos(G_p, G^+) \\ &= |G_p|\frac{\sum_{q=1}^{M}\left[\frac{\omega_q}{L_{pq}^{(h)}}\sum_{l=1}^{\#L_{pq}}\left(V(h_{pq}^l)V\left(\left(h_q^l\right)^+\right)\right)\right]}{|G_p||G^+|}\end{aligned} \quad (26)$$

进行投影的求解既考虑到各县级融媒体中心科技传播能力评价向量与正负理想解之间模的大小关系，又考虑到二者之间向量的方向性问题，较为全面地比较出两两之间的总体相似性。根据投影的特点可知，其中 $\Pr j_{G^+ G_p}$ 的值越大，表明 G_p 和 G^+ 之间的差距越小，进而说明某县级融媒体中心科技传播能力 G_p 越优。但也需结合负理想解 G^- 上的投影值来综合考量此县级融媒体中心科技传播能力 G_p 的综合水平。

定义6　令 $\hat{V}_p$ 为某县级融媒体中心科技传播能力水平的综合评价值，则

$$\hat{V}_p = \alpha \times \Pr j_{G^+ G_p} - (1-\alpha) \times \Pr j_{G^- G_p} \quad (27)$$

其中，$\alpha(0 \leq \alpha \leq 1)$ 表示为各县级融媒体中心科技传播能力水平在正负理想解上的偏好程度。$\hat{V}_p$ 的值越大意味着某县级融媒体中心科技传播能力 G_p 的水平既靠近正理想解 G^+，又远离负理想解 G^-，因此综合来看 $\hat{V}_p$ 的值越大，表明某县级融媒体中心科技传播能力 G_p 较高。

(四) 评价权重

评价内容权重,子类权重根据基于犹豫模糊语言误差分析指标权重的确定方法予以确定。针对同级指标分别建立指标偏好关系矩阵,邀请8位致力于科技传播普及评估专家填写问卷,根据同级指标进行两两比较,得到指标偏好关系矩阵。针对县级融媒体中心科技传播能力评价指标体系,分别建立了:县级融媒体中心科技传播能力一级指标、传播力二级指标、引导力二级指标、公信力二级指标、影响力二级指标、平台融合度三级指标、传统媒体基本情况三级指标、新媒体基本情况三级指标、常态化科技(普)引导力三级指标、应急科技(普)引导力三级指标、内容公信力三级指标、公众影响力三级指标和融媒体产品影响力三级指标12个两两指标偏好矩阵,基于指标偏好关系矩阵,结合误差分析方法权重的计算过程得出标准权重向量$\omega = (\omega_1, \omega_2, \cdots, \omega_N)^T$。具体如表5.1、表5.2所示。

表5.1 县级融媒体中心科技传播能力评价指标权重表

一级指标	权重	二级指标	权重	三 级 指 标	权重
传播力	0.453	平台融合度	0.244	媒体融合渠道数量	0.118
				平台覆盖率	0.126
		传统媒体基本情况	0.062	电视栏目是否有科技(普)栏目	0.017
				电视播出科普节目时长(小时)	0.017
				报纸中是否有科技(普)栏目	0.006
				报纸发行总份数	0.009
				广播中是否有科技(普)栏目	0.006
				广播播出科技(普)栏目时长(小时)	0.007
		新媒体基本情况	0.147	微信粉丝数	0.027
				微信全年发布科技(普)信息数量	0.023
				微博粉丝数	0.019
				微博全年发布科技(普)信息数量	0.023
				抖音粉丝数	0.024
				抖音全年发布科技(普)信息数量	0.031

续表

一级指标	权重	二级指标	权重	三级指标	权重
引导力	0.199	常态化科技(普)引导力	0.146	常态化科技(普)工作宣传传播次数	0.062
				重大科技(普)活动传播次数	0.025
				重大科技(普)事件传播次数	0.028
				助力县域发展传播次数	0.016
				科普中国优秀资源引用次数	0.015
		应急科技(普)引导力	0.053	应急事件传播数量	0.029
				突发公共卫生事件传播数量	0.024
公信力	0.213	内容公信力	0.213	原创科技(普)信息数量	0.154
				转发科技(普)信息数量	0.059
影响力	0.135	公众影响力	0.093	科技(普)类信息均点击量	0.037
				科技(普)类信息均点赞量	0.032
				科技(普)类信息均转发量	0.024
		融媒体产品影响力	0.042	高点击量信息数(>1000)	0.016
				高点赞量信息数(>1000)	0.019
				高转发量信息数(>1000)	0.007

表5.2 县级融媒体中心新媒体单一渠道科技传播能力评价指标权重表

一级指标	权重	二级指标	权重	三级指标	权重
传播力	0.453	新媒体基本情况	0.453	新媒体渠道粉丝数	0.216
				渠道全年发布科技(普)信息数量	0.237
引导力	0.199	常态化科技(普)引导力	0.146	常态化科技(普)工作宣传传播次数	0.062
				重大科技(普)活动传播次数	0.025
				重大科技(普)事件传播次数	0.028
				助力县域发展传播次数	0.016
				科普中国优秀资源引用次数	0.015
		应急科技(普)引导力	0.053	应急事件传播数量	0.029
				突发公共卫生事件传播数量	0.024

续表

一级指标	权重	二级指标	权重	三级指标	权重
公信力	0.213	内容公信力	0.213	原创科技(普)信息数量	0.154
				转发科技(普)信息数量	0.059
影响力	0.135	公众影响力	0.093	科技(普)类信息均点击量	0.037
				科技(普)类信息均点赞量	0.032
				科技(普)类信息均转发量	0.024
		融媒体产品影响力	0.042	高点击量信息数(>1000)	0.016
				高点赞量信息数(>1000)	0.019
				高转发量信息数(>1000)	0.007

(五)算法流程

对县级融媒体中心科技传播能力评价的整体流程归纳为以下步骤:

步骤1:针对我国 N 个县级融媒体中心,定义集合为 $G=\{G_p|p=1,2,\cdots,N\}$。确定县级融媒体中心科技传播能力的评价指标 $C=\{C_q|q=1,2,\cdots,M\}$。

步骤2:针对指标偏好关系矩阵,由评价人员根据指标进行两两比较,以得到一个犹豫模糊语言信息下的指标偏好关系矩阵;针对评价矩阵,通过问卷调查来确定每个县级融媒体中心各指标在不同媒体传播渠道下的评价值,依据前面所提出的不同数据源评价维度的融合方法,获得一个犹豫模糊语言信息下的评价矩阵。具体计算方法见式(4)~式(8)。

步骤3:基于准则偏好关系矩阵,结合误差分析方法下权重的计算过程得出标准权重向量 $\omega=(\omega_1,\omega_2,\cdots,\omega_N)^T$;基于评价矩阵,计算正理想解 $G^+=\{h_1^+,h_2^+,\cdots,h_M^+\}$ 与负理想解 $G^-=\{h_1^-,h_2^-,\cdots,h_M^-\}$,具体计算流程见式(9)~式(24)。

步骤4:依据式(25),依次求解每个县级融媒体中心科技传播能力评价向量 G_p 与正理想解 $G^+=\{h_1^+,h_2^+,\cdots,h_M^+\}$ 和负理想解 $G^-=\{h_1^-,h_2^-,\cdots,h_M^-\}$ 之间的余弦相似度,以此得到两个理想分离矩阵分别为正矩阵 Y^+ 和负矩阵 Y^-:

$$Y'^{+} = \begin{pmatrix} \cos(G_1, G^+) \\ \cos(G_2, G^+) \\ \vdots \\ \cos(G_N, G^+) \end{pmatrix} \quad (28)$$

$$Y^{-} = \begin{pmatrix} \cos(G_1, G^-) \\ \cos(G_2, G^-) \\ \vdots \\ \cos(G_N, G^-) \end{pmatrix} \quad (29)$$

步骤5：依据投影算法式(26)分别计算出每个县级融媒体中心的评价向量 G_p 在正理想解 $G^+ = \{h_1^+, h_2^+, \cdots, h_M^+\}$ 和与负理想解 $G^- = \{h_1^-, h_2^-, \cdots, h_M^-\}$ 上的投影，即 $\Pr j_{G^+ G_p}$ 和 $\Pr j_{G^- G_p}$ 的值。

步骤6：依据综合评价值式(27)，$\hat{V}_p = \alpha \times \Pr j_{G^+ G_p} - (1-\alpha) \times \Pr j_{G^- G_p}$，对每个县级融媒体中心科技传播能力水平进行计算，获得综合得分并按降序排序。

基于犹豫模糊语言投影的县级融媒体中心科技传播能力评价模型的方法流程如图5.1所示。

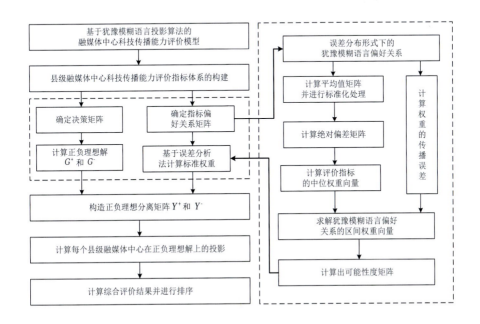

图5.1 县级融媒体中心科技传播能力评价算法流程

六　　评价结果

与以往采用单一指标体系或单一权重衡量计算科技传播能力的指数不同，本书通过构建三级指标体系量化评价县级融媒体中心科技传播能力，采用犹豫模糊语言术语集计算得到县级融媒体中心科技传播能力效果的综合指数。指标体系的丰富以及计算得到的传播力、引导力、公信力和影响力"四力"指数对县级融媒体中心科技传播能力提升具有指导意义，有助于县级融媒体中心针对自身不足分项查漏补缺。我们基于不同的统计维度予以测算，试图从多个层面对县级融媒体中心科技传播能力进行分析与总结，对各维度的省级排序和前30强进行列示。

一、科普示范县融媒体中心科技传播能力综合排序

由于获取了534个科普示范县所有渠道的传播数据，因此，依据评价指标体系，对这些县级融媒体中心进行了科技传播能力的整体评价。

（一）省级排序

全国科普示范县融媒体中心科技传播能力按省级整体水平划分为领军省份、先锋省份、探索省份三个层级，如表5.3所示。

表5.3　全国科普示范县融媒体中心科技传播能力层级表

发展水平	省　　份
领军省份 （排序前十）	上海市、北京市、甘肃省、四川省、云南省、江西省、安徽省、天津市、浙江省、江苏省
先锋省份 （排序11~20）	福建省、重庆市、贵州省、宁夏回族自治区、新疆维吾尔自治区、湖北省、河南省、内蒙古自治区、吉林省、陕西省
探索省份 （排序21~31）	湖南省、山东省、黑龙江省、广东省、广西壮族自治区、海南省、山西省、河北省、青海省、辽宁省、西藏自治区

在领军省份中，上海市、北京市领跑，甘肃省、四川省、云南省等地虽然在经济水平等方面并不占优，但县级融媒体中心的科技传播能力却名列前茅。由此可见，科技传播能力由多种因素决定，对科普工作的认知和科普信息推送的力度，是产生较好科技传播效果的主要因素。

（二）县级前30强排序

由全国科普示范县前30强的名单可以看出，中西部省份的县级融媒体中心位列其中，全国科普示范县政策导向明显，为县域科普能力的提升，尤其中西部地区科学素质的提升起到了较好的引领与推动作用。全国科普示范县融媒体中心科技传播能力综合排序（前30）如表5.4所示。

表5.4　全国科普示范县融媒体中心科技传播能力综合排序（前30）

综合排名	省份名称	地市名称	县区名称
1	上海市	上海市	徐汇区
2	江苏省	南京市	江宁区
3	上海市	上海市	闵行区
4	四川省	成都市	青白江区
5	云南省	昆明市	西山区
6	江苏省	南京市	鼓楼区
7	四川省	成都市	新都区
8	云南省	红河哈尼族彝族自治州	弥勒市
9	上海市	上海市	静安区
10	云南省	昆明市	官渡区
11	上海市	上海市	宝山区
12	四川省	成都市	青羊区
13	四川省	成都市	武侯区
14	云南省	昆明市	五华区
15	江西省	鹰潭市	贵溪市
16	四川省	成都市	都江堰市
17	江西省	南昌市	南昌县
18	云南省	红河哈尼族彝族自治州	开远市

续表

综合排名	省份名称	地市名称	县区名称
19	江苏省	无锡市	江阴市
20	四川省	成都市	金牛区
21	江西省	抚州市	资溪县
22	北京市	北京市	海淀区
23	广东省	深圳市	龙岗区
24	江西省	九江市	修水县
25	甘肃省	张掖市	山丹县
26	江西省	南昌市	新建区
27	广西壮族自治区	崇左市	江州区
28	四川省	成都市	彭州市
29	四川省	成都市	大邑县
30	福建省	泉州市	安溪县

二、非科普示范县融媒体中心新媒体科技传播能力排序

本书的样本中非全国科普示范县共743家。在非科普示范县的数据采集中，因传统媒体相关数据缺失，故评价只针对其新媒体渠道科技传播能力，评价的指标体系遵循表5.1县级融媒体中心新媒体科技传播能力评价指标权重表。

（一）省级排序

将全国非科普示范县融媒体中心新媒体综合排序划分为领军省份、先锋省份、探索省份三个层级，如表5.5所示。

表5.5 非科普示范县融媒体中心新媒体科技传播能力层级表

发展水平	省份
领军省份（排序前十）	上海市、甘肃省、北京市、江西省、天津市、重庆市、四川省、浙江省、河南省、安徽省
先锋省份（排序11~20）	贵州省、新疆维吾尔自治区、云南省、山东省、陕西省、江苏省、福建省、内蒙古自治区、吉林省、湖南省

续表

发展水平	省份
探索省份（排序21~31）	广西壮族自治区、河北省、湖北省、宁夏回族自治区、广东省、海南省、山西省、黑龙江省、辽宁省、青海省、西藏自治区

（二）县级前30强排序

在非科普示范县前30强名单中，上海市所属区县占比较高，与原有县级媒体中心科技传播能力和区域公民科学素质有一定的关系。甘肃省在非科普示范县中的表现抢眼，与科普示范县评价结果较为一致，说明甘肃省整体的县级融媒体中心在公民科学素质提升和科普信息化工程建设等工作中的传播工作做得较好。非科普示范县融媒体中心新媒体科技传播能力综合排序（前30）如表5.6所示。

表5.6 非科普示范县融媒体中心新媒体科技传播能力综合排序（前30）

综合排序	省份名称	地市名称	县区名称
1	上海市	上海市	浦东新区
2	江西省	抚州市	临川区
3	上海市	上海市	奉贤区
4	上海市	上海市	青浦区
5	上海市	上海市	松江区
6	上海市	上海市	嘉定区
7	上海市	上海市	普陀区
8	上海市	上海市	崇明区
9	北京市	北京市	丰台区
10	甘肃省	天水市	武山县
11	上海市	上海市	杨浦区
12	甘肃省	天水市	秦州区
13	天津市	天津市	滨海新区
14	上海市	上海市	虹口区
15	江西省	新余市	分宜县
16	甘肃省	定西市	陇西县
17	福建省	厦门市	海沧区
18	浙江省	湖州市	吴兴区

续表

综合排序	省份名称	地市名称	县区名称
19	天津市	天津市	西青区
20	甘肃省	武威市	民勤县
21	安徽省	宿州市	萧县
22	广东省	广州市	番禺区
23	甘肃省	临夏州	临夏市
24	甘肃省	陇南市	武都区
25	上海市	上海市	黄浦区
26	甘肃省	定西市	临洮县
27	北京市	北京市	石景山区
28	甘肃省	定西市	安定区
29	四川省	广元市	朝天区
30	甘肃省	兰州市	安宁区

三、县级融媒体中心新媒体科技传播能力排序

在第四章评价数据获取中已经阐述了各渠道数据来源情况，这一部分是以1277个县级融媒体中心科技传播数据为样本对县级融媒体中心新媒体科技传播能力进行总体评价，其中包含了534个全国科普示范县和743个非科普示范县。评价指标体系遵循表5.1县级融媒体中心新媒体科技传播能力评价指标权重表。

（一）省级排序

发展水平按照从高到低形成了三个梯队，结果如表5.7所示。

表5.7 全国县级融媒体中心新媒体科技传播能力发展水平

发展水平	省份
领军省份 （排序前十）	上海市、北京市、甘肃省、江西省、天津市、重庆市、四川省、云南省、浙江省、安徽省
先锋省份 （排序11~20）	江苏省、贵州省、福建省、新疆维吾尔自治区、河南省、内蒙古自治区、陕西省、山东省、湖北省、湖南省

续表

发展水平	省　　份
探索省份 （排序21~31）	吉林省、宁夏回族自治区、广西壮族自治区、河北省、广东省、黑龙江省、海南省、山西省、青海省、辽宁省、西藏自治区

（二）县级排序

1277个样本的县级融媒体中心新媒体科技传播能力差异较大，前30强如表5.8所示。

表5.8　全国县级融媒体中心新媒体科技传播能力排序（前30）

综合排序	省级名称	地市名称	区县名称
1	上海市	上海市	浦东新区
2	上海市	上海市	宝山区
3	江西省	抚州市	临川区
4	上海市	上海市	闵行区
5	四川省	成都市	新都区
6	上海市	上海市	奉贤区
7	上海市	上海市	徐汇区
8	上海市	上海市	青浦区
9	上海市	上海市	松江区
10	上海市	上海市	嘉定区
11	四川省	成都市	青白江区
12	云南省	昆明市	西山区
13	江苏省	南京市	鼓楼区
14	云南省	红河哈尼族彝族自治州	弥勒市
15	上海市	上海市	普陀区
16	江西省	南昌市	南昌县
17	上海市	上海市	静安区
18	江苏省	南京市	江宁区
19	云南省	红河哈尼族彝族自治州	开远市
20	北京市	北京市	朝阳区
21	江西省	鹰潭市	贵溪市
22	上海市	上海市	崇明区

续表

综合排序	省级名称	地市名称	区县名称
23	云南省	昆明市	官渡区
24	广东省	深圳市	龙岗区
25	湖北省	武汉市	东西湖区
26	江苏省	无锡市	江阴市
27	北京市	北京市	丰台区
28	云南省	昆明市	五华区
29	甘肃省	天水市	武山县
30	上海市	上海市	杨浦区

 数 据 篇

2021年全国县级融媒体中心新媒体科技传播数据报告

2020年底，全国县级融媒体中心基本实现全覆盖。新媒体作为县级融媒体中心传播的重要渠道，在科技传播中发挥着重要作用。本报告通过数据采集的方式，获取2021年县级融媒体中心的微信、微博、抖音三大传播渠道的科技传播数据，并通过对这三个渠道的科技传播数据分析，较为全面地展示县级融媒体中心开展科技传播的情况，系统地描绘其开展科技传播的路径及传播效果。尤其2021年是全国县级融媒体中心整体建成后开展工作的第一年，其数据能较为充分和客观地反映不同县级融媒体中心建成后的基本传播状况，对数据进行分析会为后续县级融媒体中心如何开展科技传播提供有益的参考。

本报告主要采用定量分析，报告主体分为五个部分，分别是数据来源及情况说明、县级融媒体中心新媒体科技传播概况分析、科普示范县与非科普示范县融媒体中心科技传播情况对比分析、县级融媒体中心重大科普活动传播情况分析、县级融媒体中心十大科普事件传播情况分析。

数据来源及情况说明

本报告通过人工收集、网络爬虫、RPA模拟人采集等方式，采集县级融媒体中心微信、微博、抖音传播渠道的基础信息及2021年发布信息等数据。采集结果经过人工、机器验证,具有较高可信度。采集所有信息经数据清洗、中文分词、关键词匹配等处理流程,形成分析基础数据库,以下分析全部基于此基础数据库。需要说明的几个问题如下:

(一)数据采集范围及采集时间

此数据采集范围为:传播渠道基础信息数据为截至采集时间的数据,发布信息数据为2021年度各渠道发布的所有数据。

采集时间:基础信息数据和发布信息数据的采集时间为2022年7—10月。

(二)渠道采集范围

在各渠道中,微信公众号的采集为样本采集,累计采集1277个微信公众号;微博和抖音的采集为全量采集。由于部分微信公众号、微博和抖音账号为2022年以后申请或2021年未发布数据,因此采集的数据有部分为空,为空的数据已经过人工校验。

(三)数据表征

渠道信息数据、基础信息数据和发布信息数据只为采集时点的表达,其粉丝数、阅读量、转发量、点赞量等仅为采集时点数据。

(四)数据量

渠道基础信息数据和发布信息数据如表6.1、表6.2所示。

表6.1 渠道基础信息数据(单位:条)

县级行政单位数量	微信基础信息数量	微博基础信息数量	抖音基础信息数量
2851	2752	2264	2591

表6.2 发布信息数据(单位:条)

渠道	拟采集渠道数量	有数据的数量	总数据条数
微信	1277	1211	2445849
微博	2264	1956	4434963

续表

渠　道	拟采集渠道数量	有数据的数量	总数据条数
抖音	2591		1390430

（五）种子词库

基于前期研究生成的科技（普）种子词库共8大分类1685个词（截至2019年），通过百度沸点提供的2020年和2021年年度关键词表，将2020—2021年的52个科技（普）关键词补充到已有的种子词库，作为本书文本量化的词典，词典关键词共1737个。

（六）分析范围

除概况分析外，其余分析范围均由两个样本数据集组成，样本数据集1为2021—2022年申报和获批科普示范县的568个区县，样本数据集2为参考地域条件选择的1277个区县，其中样本数据集2完全覆盖样本数据集1。

二 县级融媒体中心新媒体科技传播概况分析

（一）县级融媒体中心新媒体渠道覆盖情况分析

根据表6.1、表6.2显示，在2851个县级行政单位中，微信渠道覆盖率为96.53%，微博渠道覆盖率为79.41%，抖音渠道覆盖率为90.88%，其中三个渠道都有的县级行政单位为2128个，占比74.64%，三个渠道都没有的县级行政单位为43个，占比1.51%。

从微信、微博、抖音的渠道覆盖情况看（图6.1），目前县级融媒体中心新媒体渠道覆盖率较高，其中微信和抖音渠道优势较为明显，微博渠道建设有待加强。

图6.1　2021年县级融媒体中心渠道覆盖情况

（二）县级融媒体中心新媒体渠道粉丝分布情况

1. 微信粉丝数量分布情况

各县级融媒体中心微信粉丝数量主要集中在1万~5万，达417个；其次是5万~10万，有228个；10万粉丝以上的有413个，40万粉丝以上的有135个，而1万粉丝以下的有190个，说明县级融媒体中心的微信渠道具有较好的传播基础。微信粉丝区间图如图6.2所示。

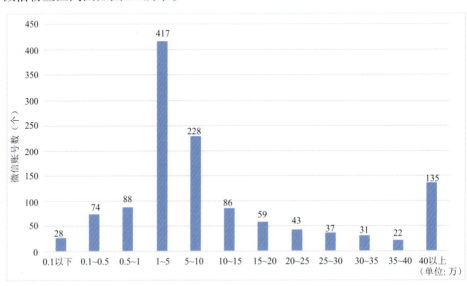

图6.2　微信粉丝区间图

2. 微博粉丝数量分布情况

各县级融媒体中心的微博粉丝量在1000以下的数量最多,达968个;其次是粉丝量为1000~5000,数量为465个;在1万以上粉丝量的区县中:1万~5万粉丝量的有340个,5万~10万粉丝量的有89个,40万以上粉丝量的有54个,说明县级融媒体中心的微博发展较为不均衡,优质微博渠道占比不高。微博粉丝区间图如图6.3所示。

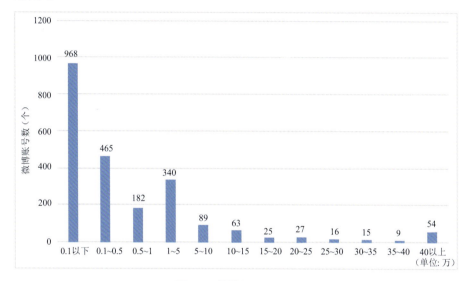

图6.3 微博粉丝区间图

3. 抖音粉丝数量分布情况

各县级融媒体中心抖音渠道粉丝量主要集中在1万~5万,达906个;5万~10万粉丝量的有387个,40万以上粉丝量的有213个。抖音粉丝区间图如图6.4所示。

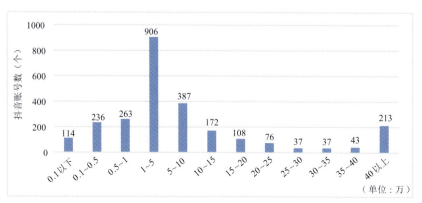

图6.4 抖音粉丝区间图

综合三个新媒体渠道来看：微信和抖音粉丝数量较为相似，均主要集中在1万~20万，而微博粉丝数量主要集中在5万以下。结合各区县人口数量看，说明当前各县级融媒体中心新媒体渠道人口覆盖率较高，但还有进步空间。

（三）县级融媒体中心新媒体渠道科技信息占比分析

在各渠道中，科技（普）信息约占总发布信息数的20%，微博渠道科技（普）信息占比较高，超过30%。科技（普）信息在微信渠道每账号年均发布396条，在微博渠道每账号年均发布757条，抖音渠道每账号年均发布126条。具体如表6.3和图6.5所示。

表6.3 各渠道传播内容科技信息占比情况表（单位：条）

融媒体渠道	采集样本数	总信息发布数	科技（普）信息数	科技（普）信息占比
微信	1211	2445849	479691	19.61%
微博	1956	4434963	1481200	33.40%
抖音	2493	1390430	314728	22.64%

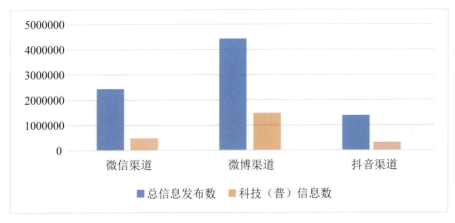

图6.5 各渠道科技信息占比情况

（四）县级融媒体中心各渠道不同信息分类情况分析

2021年，3个不同渠道的科技类内容发布总数统计数据分别为：微信479691条，微博1481200条，抖音314728条。由于疫情原因，各县级融媒体中心均开展大量应急避险和健康与医疗相关科技内容传播,因此,这两类信息在所有信息中占比较高。应急避险类信息抖音占比达到52.60%,微信为48.90%,微博为35.63%。健康与医疗微博占比为41.31%,微信占比为37.28%。后面依次是气候与环境、信息科技、能源利用、航空航天、前沿技术和食品安全,后几类信息传播占比较低。具体如表6.4、图6.6所示。

表6.4 各渠道八大类信息传播情况统计表(单位:条)

信息类别	微信	微信占比	微博	微博占比	抖音	抖音占比
航空航天	4637	0.97%	102224	6.90%	10124	3.22%
健康与医疗	178806	37.28%	611843	41.31%	93421	3.17%
能源利用	14360	2.99%	66954	4.52%	8834	13.78%
气候与环境	79259	16.52%	380528	25.69%	43359	13.78%
前沿技术	7309	1.52%	81000	1.53%	24945	1.14%
食品安全	4639	0.97%	22674	1.53%	3598	1.14%
信息科技	18886	3.94%	171020	11.55%	7656	2.43%
应急避险	234554	48.90%	527689	35.63%	165541	52.60%

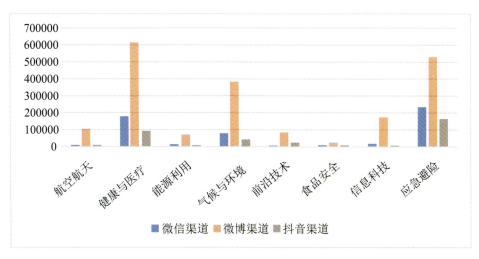

图6.6 各渠道八大类信息传播情况汇总

(五)县级融媒体中心各渠道科技信息高影响力内容分析

在高影响力传播内容中,微信和抖音的数据较好,微信产生高阅读量科技内容较高,抖音产生高点赞量科技内容较高,总体上来说,抖音的科技类传播内容互动性较好。具体如表6.5所示。

表6.5 各渠道科技类信息高影响力统计表(单位:条)

微信科技类信息数量	微信高阅读量信息数(>1000)	微信高点赞量信息数(>1000)	微信高在看量信息数(>1000)
479691	99461	182	190
微博科技类信息数量	微博高点赞量信息数(>1000)	微博高转发量信息数(>1000)	微博高评论量信息数(>1000)
1481200	457	562	476
抖音科技类信息数量	抖音高点赞量信息数(>1000)	抖音高转发量信息数(>1000)	抖音高评论量信息数(>1000)
314728	41223	9707	4100

(六)县级融媒体中心各渠道助力县域经济发展传播情况分析

助力县域经济发展传播内容包括县级融媒体中心开展科普活动、助农直播、农业科技专栏、科技创新专栏等科技(普)宣传内容。从统计中可以看出,目前有约50%的县级融媒体中心开展助力县域经济相关活动,其中微博渠道开展科普活动、助农直播、农业科技专栏、科技创新专栏等科技(普)宣传较多。但从整体来看,各渠道传播总量不高。各渠道助力县域经济发展传播情况如表6.6所示。

表6.6 各渠道助力县域经济发展传播情况统计表

微信渠道	微信数量	微博渠道	微博数量	抖音渠道	抖音数量
653个	1477条	1177个	11348条	492个	861条

科普示范县与非科普示范县融媒体中心科技传播情况对比分析

全国科普示范县(市、区)创建是中国科协面向基层的重点科普工作品牌,对于加强县(市、区)级党委、政府的科普意识,促进基层科普工作大幅度提升有着重要作用。全国科普示范县借助示范典型的辐射作用,引领带动其他地区科普能力提升,促进基层实现科学技术教育、传播与普及的科普服务均等化,为提高辖区公民的科学素质,推动基层科学发展、服务经济社会发展,推进创新型国家建设作出贡献。全国科普示范县工程是一项构建以市域为中心、县域为重点、乡镇、街道和村、社区为主阵地的全域科普体系的重要工程。该工程在全面建设社会主义现代化强国中具有基础支撑的作用。通过科普工作模式的转型升级,提升基层科普公共服务能力,加强科学精神、科学方法和科学家精神的宣传,弘扬科学精神,以实现创新发展。同时,该工程还可以提高全民科学素质,服务高质量发展,为全面建成社会主义现代化强国提供基础支撑。

样本数据集1为2021—2022年申报和获批科普示范县的568个区县,样本数据集2为参考地域条件选择的1277个区县,其中样本数据集2完全覆盖样本数据集1。样本数据集1作为研究组,在样本数据集2中排除样本数据集1,形成样本数据集3,样本数据集3共有709个区县,作为对照组。通过研究组和对照组的各维度对比分析,分析科普示范县和非科普示范县在科技传播中的差异。相关数据均取样本数据的区县融媒体中心的平均值,以使数据具备可比性。

(一)县级融媒体中心新媒体渠道基础数据对比

在全国科普示范县的568个区县中,有453个区县融媒体中心同时开通微信、微博、抖音平台,占比79.75%,非科普示范县的709个区县中,有529个区县融媒体中心同时开通微信、微博、抖音平台,占比74.61%,比科普示范县低5个百分点;从微信、微博、抖音的粉丝数上能看出,全国科普示范县的融媒体中心粉丝数较多,平均微信粉丝数达到18万、微博达到近8万、抖音达到20万,比对照组的高约40%。基础数据对比如表6.7所示。

表6.7 基础数据对比表(平均值,下同)

样本名称	样本数量(个)	微信粉丝数(人)	微博粉丝数(人)	抖音粉丝数(人)
科普示范县	569	182571.22	79711.34	207303.98
非科普示范县	708	127987.66	59088.99	148410.28

(二)县级融媒体中心新媒体渠道科技传播状况对比

从表6.8可以看出,全国科普示范县和非科普示范县主要传播平台均为微博和微信,抖音传播数量较少,从年发布信息量和科技类信息量对比可以看出,在微信和抖音两个渠道,全国科普示范县和非科普示范县差别不大,但在微博渠道,全国科普示范县发布信息量和科技类信息量均超过非科普示范县,其中科技类信息量高出25%。

表6.8 各渠道发布信息对比表(单位:条)

渠道	项目/组别	全国科普示范县	非科普示范县	级差
微信	年发布信息量	2014.62	2023.81	-0.45%
	年发布科技(普)信息量	390.43	404.95	-3.59%
微博	年发布信息量	2718.33	2340.58	16.14%
	年发布科技(普)信息量	992.49	790.82	25.50%
抖音	年发布信息量	611.08	584.70	4.51%
	年发布科技(普)信息量	141.94	138.55	2.44%

从传播效果看,科普示范县除微信科技类信息均在看量稍低于非科普示范县外,其他数据均优于非科普示范县,其中微信科技类信息均阅读量、抖音科技类信息均点赞量、评论量指标比对照组有较大幅度领先。具体如表6.9所示。

表6.9 传播效果对比表(单位:人次)

渠道	项目/组别	全国科普示范县	非科普示范县
微信	科技类信息均阅读量	1857.53	1300.91
	科技类信息均点赞量	9.48	8.01
	科技类信息均在看量	6.91	7.35
微博	科技类信息均点赞量	4.18	2.84
	科技类信息均评论量	2.87	0.45
	科技类信息均转发量	1.42	0.44
抖音	科技类信息均点赞量	1415.25	1208.81
	科技类信息均评论量	191.52	169.48
	科技类信息均转发量	65.94	64.38

(三) 县级融媒体中心新媒体渠道不同传播形态对比

通过表6.10可以发现,在微信和抖音的常态化和应急科技传播中,全国科普示范县和非科普示范县差距不大。但在微博的常态化和应急事件科技传播中,全国科普示范县优于非科普示范县,约高出25%。因2021年疫情防控成为政府主要工作内容,因此应急事件科技传播数量占比较高。

表6.10 科技传播分类对比表(单位:条)

渠道	项目/组别	全国科普示范县	非科普示范县
微信	常态化科技传播数量	256.66	267.38
微信	应急事件科技传播数量	193.45	197.35
微博	常态化科技传播数量	856.58	680.20
微博	应急事件科技传播数量	358.56	289.87
抖音	常态化科技传播数量	91.17	83.81
抖音	应急事件科技传播数量	73.49	76.47

注:常态化科技包括航空航天、健康与医疗、科普中国、能源利用、气候与环境、前沿技术、食品安全、信息科技八大分类;应急事件科技(普)包括应急避险一大类。

通过表6.11可以看出,在助力县域经济发展的科技传播方面,全国科普示范县和非科普示范县表现相当,平均一个县级融媒体中心一年开展助农直播、科技活动等14次,且微博是其主要传播渠道。

表6.11 助力县域经济对比表(单位:次)

渠道	项目/组别	全国科普示范县	非科普示范县
微信	助力县域发展传播数量	2.45	2.11
微博	助力县域发展传播数量	10.81	11.14
抖音	助力县域发展传播数量	1.86	1.90

注:助力县域经济发展指的是通过融媒体渠道开展助农直播、科技活动,设立农业科技、科技创新专栏等。

四 县级融媒体中心重大科普活动传播情况分析

全国科普日、科技活动周等是提高全民科学素养和加强科技传播的重要活动。通过对这些重大科普活动的传播数据抓取,可以反映出目前在重大科普活动方面的科技传播状况。

研究选取2021年度全国科普日、科技活动周、世界气象日、全国防灾减灾日这四个重大科技活动作为研究对象,来考察样本数据集2所涉及区县的科技传播状况。

(一) 重大科普活动报道数量分析

从媒体对四个重大科技活动的报道中可以看出(图6.7、图6.8),全国防灾减灾日受到的关注最高,其次是全国科普日,科技活动周和世界气象日关注度较低;微信和微博是县级融媒体中心对重大科技活动报道的主要媒体渠道。新媒体渠道重大科普活动报道情况如表6.12所示。

表6.12 新媒体渠道重大科普活动报道情况表

统计维度		全国防灾减灾日	全国科普日	科技活动周	世界气象日
微信渠道	参与区县数量(个)	422	323	162	109
	报道信息数量(条)	541	419	193	127
微博渠道	参与区县数量(个)	274	146	118	128
	报道信息数量(条)	624	311	172	234
抖音渠道	参与区县数量(个)	107	46	18	29
	报道信息数量(条)	126	57	25	30

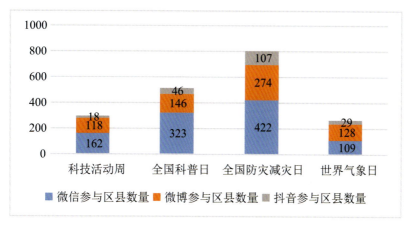

图6.7 重大科普活动参与新媒体报道区县数量汇总

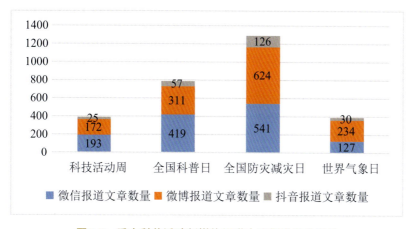

图6.8 重大科普活动新媒体渠道内容报道数量汇总

从区县覆盖程度看,四大科技活动宣传所占的区县比例均较低,关注度高的全国防灾减灾日也只有约40%的区县进行报道,科技活动周和世界气象日占比更低,只有10%左右。

从区县平均报道数量看,四大活动的每个有报道的区县也仅有1.3条左右的平均值,报道程度较低。

从对四大科普活动报道的数量来看,各省的县级融媒体中心对全国防灾减灾日的报道量最多,全国科普日次之,科技活动周和世界气象日相当;县级融媒体中心对四大科普活动报道的主要渠道是微博和微信,抖音报道数量较少;从报道的均值看,上海市、甘肃省和天津市领跑前三,中西部地区和内蒙古自治区表现良好。四大科普活动报道省份前十统计数据如表6.13所示,四大科普活动排名前十省份报道汇总数据如图6.9所示。

表6.13 四大科普活动报道省份前十统计表

排名	省 份	县区平均报道数	渠道/篇数	科技活动周	全国科普日	全国防灾减灾日	世界气象日
1	上海市	4.4	微信	2	6	6	3
			微博	8	13	13	12
			抖音	0	4	3	0
2	甘肃省	3.5	微信	18	17	20	5
			微博	23	10	22	9
			抖音	6	2	9	4
3	天津市	2.9	微信	1	9	7	3
			微博	5	8	7	4
			抖音	0	1	0	2
4	北京市	2.8	微信	3	2	7	4
			微博	4	4	6	7
			抖音	0	1	1	0
5	云南省	2.6	微信	16	24	21	5
			微博	9	13	15	11
			抖音	0	6	8	1
6	安徽省	2.2	微信	7	13	22	6
			微博	7	10	29	13
			抖音	1	3	7	1
7	新疆维吾尔自治区	2.2	微信	5	25	39	8
			微博	1	3	10	3
			抖音	0	4	12	2
8	江西省	2.0	微信	6	6	15	2
			微博	4	8	16	8
			抖音	1	1	3	3
9	贵州省	1.8	微信	2	14	13	1
			微博	2	3	11	0
			抖音	0	1	1	0

续表

排名	省份	县区平均报道数	渠道/篇数	科技活动周	全国科普日	全国防灾减灾日	世界气象日
10	内蒙古自治区	1.6	微信	9	15	15	7
			微博	4	4	1	4
			抖音	1	2	3	2

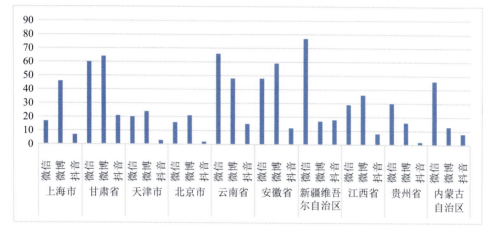

图6.9　四大科普活动排名前十省份报道汇总

（二）重大科普活动报道内容分析

通过对各县级融媒体中心新媒体渠道针对重大科技（普）活动报道的标题进行分词和词频统计，将词频统计输出为词云，可以展示出县级融媒体中心重大科技（普）活动报道内容概况。

1. 全国防灾减灾日

通过词频和词云显示，全国防灾减灾日报道的内容较为全面，贯穿了防灾减灾前后的全过程。具体包括：活动前的预告、活动启动新闻报道、活动形式以及针对自然灾害、生命安全、防火、地震等灾害的报道等。全国防灾减灾日词云如图6.10所示。

2. 全国科普日

通过词频和词云显示，全国科普日报道内容涉及面较广，具体包括：全国科普日前的活动预告，全国科普日主场启动、全国科普日的科普活动报道；针对全国科普日的活动方式,如直播、大篷车、进社区、进校园、大讲堂的报道;面向对象的报道,如青少年、群众、社区、单位等,较为全面报道了全国科普日的全过程。全国科普日词云如图6.11所示。

图6.10　全国防灾减灾日词云

图6.11　全国科普日词云

3. 科技活动周

通过词频和词云显示,各县级融媒体中心通过微信、微博、抖音发布的信息主要集中在科技活动周启动的新闻宣传上,少部分报道了科技活动周前的活动预告和科技活动周的工作总结。全国科技活动周词云如表6.12所示。

图6.12 科技活动周词云

4. 世界气象日

通过词频和词云显示,融媒体中心对世界气象日的关注较少,报道主要集中在气象日新闻宣传以及世界气象日的相关漫画、宣传片、画册、气象日百科、海报等宣传内容上,同时包含了答题、体验、征集、纪念活动等活动形式,反映出世界气象日的传播对象主要是中小学生。世界气象日词云如图6.13所示。

图6.13 世界气象日词云

五　县级融媒体中心十大科普事件传播情况分析

"典赞·科普中国"是由中国科协牵头主办的一项评选年度科普典型的活动盛事,自2015年创办至2023年已连续举办八届,通过盘点年度科普的人物、作品、事件和谣言,在促进全民科学素质提升等方面发挥了积极作用,已成为科普领域影响力最大、最具权威性的品牌活动之一。

本书选取"典赞·科普中国"评选出的2021年十大科普事件作为研究对象,对县级融媒体中心十大科普事件传播情况进行了分析,如表6.14所示。

表6.14　2021年十大科普事件列表

序　号	事　件　名　称
1	我国疫苗研发和接种工作全面顺利推进
2	国务院印发《全民科学素质行动规划纲要(2021—2035年)》
3	天宫开讲科普课,掀起全民航天科普浪潮
4	大量科技应用助力三星堆考古新发现
5	中国科学家精神纳入中国共产党人精神谱系
6	《生物多样性公约》第十五次缔约方大会在中国召开
7	中国开启建造天宫空间站的新时代
8	中国首次火星探测任务取得圆满成功
9	两院院士大会、中国科协第十次全国代表大会在北京召开
10	公众自发向袁隆平、吴孟超等已故科学家致敬

(一)十大科普事件报道数量分析

从表6.15~6.17可以看出,县级融媒体中心对十大科普事件整体关注度不高,报道较少,累计发布信息约占全年科技类发布信息量的0.6%,在样本数据集2中参与至少1件事件的媒体数有760家,占比约59.5%。十大科普事件主要发布渠道在微博平台,其参与的媒体数量、发送的文章数量均远超微信和抖音平台。

表6.15 十大科普事件统计表一

渠道	项目/事件	事件1	事件2	事件3	事件4	事件5	事件6	事件7	事件8	事件9	事件10
微信	报道媒体数	2	30	21	1	9	50	0	23	25	26
	报道信息数	2	38	23	1	10	78	0	23	34	30
微博	报道媒体数	152	54	68	34	8	132	64	127	61	142
	报道信息数	723	78	230	57	10	1159	230	429	209	677
抖音	报道媒体数	9	1	18	19	0	9	2	6	0	107
	报道信息数	9	1	21	22	0	16	2	6	0	188
参与媒体汇总		163	85	107	54	17	191	66	156	86	275
三个渠道报道汇总		734	117	274	80	20	1253	232	458	243	895

表6.16 十大科普事件统计表二

渠道	项目/事件	事件1	事件2	事件3	事件4	事件5	事件6	事件7	事件8	事件9	事件10
微信	报道媒体数	6	50	49	1	20	98	0	51	61	52
	报道信息数	7	63	54	1	25	141	0	55	79	59
微博	报道媒体数	279	90	128	56	11	257	119	244	144	274
	报道信息数	1350	134	388	92	14	1850	412	821	496	1233
抖音	报道媒体数	14	3	41	42	0	17	6	21	0	195
	报道信息数	14	3	53	54	0	28	6	23	0	391
参与媒体汇总		299	143	218	99	31	372	125	316	205	521
三个渠道报道汇总		1371	200	495	147	39	2019	418	899	575	1683

表6.17 微博和抖音全数据集十大科普事件统计表

渠道	项目/事件	事件1	事件2	事件3	事件4	事件5	事件6	事件7	事件8	事件9	事件10
微博	报道媒体数	572	157	273	105	30	534	244	479	299	564
微博	报道文章数	2681	222	929	176	43	4700	938	1588	1044	2287
抖音	报道媒体数	23	6	73	42	0	46	12	40	5	404
抖音	报道文章数	23	6	97	54	0	93	12	44	6	744

数据显示，县级融媒体中心重点报道事件为：事件6（《生物多样性公约》第十五次缔约方大会在中国召开）、事件10（公众自发向袁隆平、吴孟超等已故科学家致敬）、事件1（我国疫苗研发和接种工作全面顺利推进）和事件8（中国首次火星探测任务取得圆满成功）。报道度最低的是事件5（中国科学家精神纳入中国共产党人精神谱系）、与事件8类似的事件3（天宫开讲科普课，掀起全民航天科普浪潮）和事件7（中国开启建造天宫空间站的新时代）虽然微信和抖音平台信息传播量不多，但微博传播的融媒体参与数和发送的信息数量均较多。

从图6.14、图6.15可以看出，参与科普示范县评选的区县，对十大科普事件的关注点、报道情况等与研究按区域选定的区县保持一致，并没有体现出更高的关注度和报道数量。

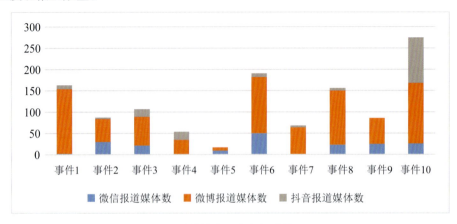

图6.14 县级融媒体中心参与报道情况汇总图一

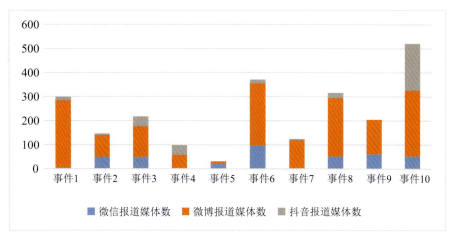

图6.15 县级融媒体中心参与报道情况汇总图二

(二) 十大科普事件各省份传播情况

把样本数据集2的1277个县级融媒体中心报道十大科普事件情况按所属省份分类汇总,提取平均县域发布信息量排名前十的省份如表6.17。

表6.18 十大科普事件报道平均县域发布信息量排名前十省份(单位:条)

省份	县区平均报道数	项目/事件	事件1	事件2	事件3	事件4	事件5	事件6	事件7	事件8	事件9	事件10
上海市	37.44	微信	1	1	9	0	0	0	0	3	0	6
		微博	108	4	44	12	0	44	25	102	2	228
		抖音	0	0	1	1	0	0	0	3	0	5
云南省	26.35	微信	0	9	1	0	0	69	0	1	2	3
		微博	124	14	42	13	0	722	18	91	18	100
		抖音	0	0	3	3	0	24	0	1	0	33
甘肃省	21.68	微信	0	1	5	0	0	4	0	5	4	1
		微博	146	15	88	14	5	191	22	92	72	126
		抖音	2	1	10	10	0	2	2	3	0	68

续表

省份	县区平均报道数	项目/事件	事件1	事件2	事件3	事件4	事件5	事件6	事件7	事件8	事件9	事件10
江西省	17.38	微信	0	0	0	0	1	0	0	0	0	3
		微博	166	8	19	2	0	87	26	84	15	180
		抖音	1	0	3	3	0	0	0	0	0	45
北京市	13.14	微信	0	4	0	0	0	0	0	1	1	0
		微博	71	2	2	0	0	13	46	19	1	20
		抖音	0	0	0	0	0	1	1	0	0	2
天津市	12.25	微信	0	3	1	0	1	2	0	1	9	2
		微博	79	17	2	1	3	13	8	7	29	10
		抖音	0	1	1	1	0	0	0	0	0	5
四川省	10.69	微信	0	2	2	0	0	2	0	1	2	1
		微博	177	7	37	30	1	93	29	86	5	169
		抖音	2	0	2	3	0	0	1	3	0	39
安徽省	9.96	微信	0	1	4	0	0	1	0	2	4	1
		微博	58	8	15	2	2	146	18	86	106	52
		抖音	0	0	1	1	0	0	0	0	0	20
江苏省	8.51	微信	0	1	3	0	0	0	0	0	0	3
		微博	65	6	25	6	0	36	86	43	15	68
		抖音	2	0	0	0	0	0	0	0	0	7
重庆市	8.24	微信	0	0	0	0	0	0	0	0	1	0
		微博	10	7	2	0	0	73	4	15	45	11
		抖音	1	0	0	0	0	0	0	0	0	4

从表6.17可以看出,在前十排名中,有四个直辖市,云南、甘肃分列二三位。从媒体渠道看,十大科普事件传播主要渠道是微博,微信和抖音占比较低。微信在事件3和事件10有报道,抖音在事件10报道较多,其余报道量主要集中在微

博。分省份进行排名后,观察排名前五省份的县级融媒体中心对十大科普事件的报道情况,形成图6.16~图6.20。

图6.16　上海市县级融媒体中心十大科普事件报道情况

上海市区县级融媒体中心对十大科普事件的报道主要集中在事件10、事件8、事件1,其中事件10占比较高,其余主要是在事件3、事件6、事件7等科技活动、重大科技进展上,事件5未有报道。

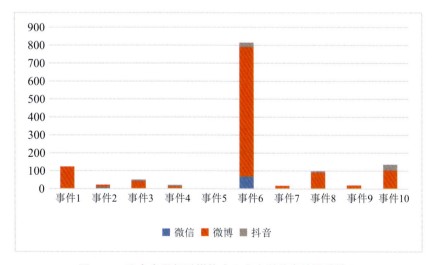

图6.17　云南省县级融媒体中心十大科普事件报道情况

云南省县级融媒体中心对十大科普事件的报道主要集中在事件6,因为《生物多样性公约》第十五次缔约方大会于2021年在云南昆明举办,因此配合宣传较多。除事件6外,事件10、事件1、事件8也是云南所属县级融媒体中心较为关注的。

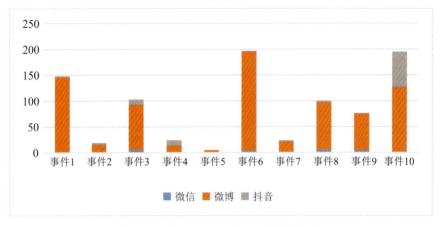

图6.18　甘肃省十大科普事件报道情况

甘肃省县级融媒体中心对十大科普事件的报道较为均衡,对十个事件均有报道,其中事件10、事件6、事件1、事件3、事件8、事件9等6个科技事件较为突出。

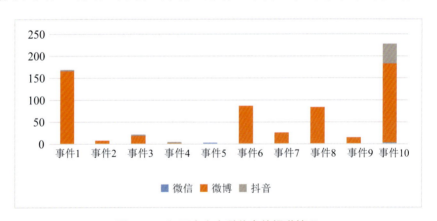

图6.19　江西省十大科普事件报道情况

江西省县级融媒体中心对十大科普事件的报道也较为全面,十大科普事件均有报道,关注点主要集中在事件10、事件1上。

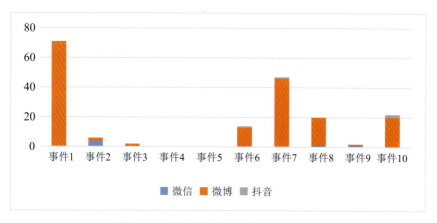

图6.20 北京市十大科普事件报道情况

北京市区县级融媒体中心对十大科普事件的报道主要集中在事件1、事件7上,与疫情防控、科技教育主体工作较为契合。

第七章 2022年全国县级融媒体中心新媒体科技传播数据报告

2023年,我们继续跟踪县级融媒体中心新媒体渠道在2022年科技传播情况,对微信、微博、抖音三个新媒体渠道进行数据抓取、处理和分析,并与2021年县级融媒体中心科技传播数据进行对比,探索县级融媒体中心科技传播的发展变化。

本章主要采用定量分析,报告主体分为五个部分,分别是数据来源及情况说明、县级融媒体中心新媒体科技传播概况分析、科普示范县与非科普示范县融媒体中心科技传播情况对比分析、县级融媒体中心重大科普活动传播情况分析、县级融媒体中心十大科普事件传播情况分析。

一、数据来源及情况说明

本章数据采集依然沿用之前的方法,通过人工收集、网络爬虫、RPA模拟人工采集等方式,采集县级融媒体中心微信、微博、抖音三个新媒体渠道信息,并根据新媒体渠道信息采集微信、微博、抖音等账号2022年发布的信息数据,采集结果经过人工和机器双重验证,数据真实可靠。采集的渠道信息、发文信息等经数据清洗、中文分词、关键词匹配等处理流程,形成分析基础数据库,以下分析全部基于此基础数据库。需要说明的几个问题如下：

（一）全国县级行政单位信息获取渠道及数量

通过民政部官网公开的2022年中华人民共和国县以上行政区划代码，确定31个省（区、市）的2843个县级行政单位。在2843个县级行政区域单位中，海南省三沙市下属的西沙区和南沙区没有行政区划代码，用tmp002和tmp003作为两个区的行政区划代码。数据采集时间：2023年4月。

（二）全国县级融媒体中心新媒体渠道梳理

采用人工搜索方式，以关键词"×××融媒体中心""×××融媒""×××发布""×××新闻"等在各搜索引擎检索，获得全国县级融媒体新媒体渠道列表。有多个运营账号的，选择影响力较大、更稳定的一个账号作为该融媒体中心渠道的代表。数据采集时间：2023年4—6月，微博和抖音的粉丝数获取节点为新媒体渠道整理时间。

（三）新媒体渠道2022年发布信息采集

采用机器和RPA模拟人工结合采集，对对应账号2022年的发布信息进行全量采集。采集结果的数量、内容经过人工筛查，确保采集结果的准确性。在采集过程中，有部分账号采集结果为空的，或数据时间不连续的，经过人工重新校对，均为该时段账号未发布信息。数据采集时间：2023年7—10月。数据结果如表7.1所示。

表7.1 全国县级融媒体中心新媒体渠道信息采集统计表

项目		数值	比例
县级行政单位数量		2843个	—
渠道信息采集	微信渠道	2774个	97.57%
	微博渠道	2256个	79.35%
	抖音渠道	2599个	91.42%

续表

项目		数值	比例
发布信息采集	发布信息渠道汇总	微信渠道 2697个	—
		微博渠道 1920个	—
		抖音渠道 2513个	—
	发布信息数据汇总	微信渠道 5405759条	—
		微博渠道 5592936条	—
		抖音渠道 1998069条	—

(四) 词库新增2022年种子词

2023年,项目组再次通过百度沸点提供的2022年年度关键词表,结合关键词表中的近义词、同义词,新增59个关键词,去重后词典总关键词共1768个,作为文本量化的词典。2022年修订新增的关键词如表7.2所示。

表7.2　2022年新增关键词列表

主　题	合　并　词
航空航天	神舟十四成功回家、中国天宫、神舟十四、神舟十五、天宫课堂、王亚平、解放军无人机首次飞过金门
健康与医疗	全球人口破80亿、奥密克戎、刘畊宏女孩、智能医疗、卡塔尔世界杯、北京冬奥会、冬奥会、中国女足亚洲杯夺冠、谷爱凌夺冠
气候与环境	碳中和、环保、智能交通
前沿技术	元宇宙、Web3.0、数字藏品、量子纠缠、数字人、AIGC、数字经济、计算生物学、数字技术、虚拟世界、数字生活空间、区块链、数字孪生、混合现实、边缘计算、智能制造、智能农业、远程协作、智能决策、无人驾驶、自动驾驶、车联网、智能家居、
信息科技	光刻机、人工智能、芯片、朱敏、从鱼到人、高能宇宙线起源、智能金融、智能教育、智慧城市、工业互联网、物联网、传感器、量子加密、量子、人脸识别
应急避险	东航客机坠毁事故

(五) 关于2021和2022年数据比较中样本问题说明

① 2021年数据的获取原则和数量在第四章中已有详细说明。各县级融媒体中心的微信、微博、抖音渠道的粉丝数按新媒体渠道覆盖数进行全量调查。县级融媒体中心评价数据样本数为1277个,抽样原则是全国科普示范县以及科普工作较为显著的县,同时考虑到全国31个省份样本的相对均匀性。

② 2022年样本采集实现全覆盖,样本数为2843个,涵盖了2021年的统计数据。

③ 本书在模型设计时考虑到样本的可获取性,在模型中以省份为单位进行了标准化处理,样本数多少均不影响省际间结果的比较。

④ 在对2021和2022年数据进行比较分析时,除两年均采取全量采集数据进行直接比较外,为保证科学性和合理性,其余数据均采用平均值或占比进行相应对比分析。

(六) 其他数据说明

① 抖音和微博的粉丝数超过1万的,按显示内容记录,如页面显示粉丝数为391.7万,则记录该账号的粉丝数为3917000。

② 微信信息阅读量:根据微信官方政策,公众号阅读数为前台显示数据,超过10万后均显示为10万+,超过10万的阅读数统一记为100001。

③ 在新媒体渠道2022年发布信息采集中,有部分账号采集结果为空的,或数据时间不连续的,经过人工重新校对,均为该时段账号未发布信息。

县级融媒体中心新媒体科技传播概况分析

(一) 县级融媒体中心新媒体渠道覆盖情况分析

图7.1显示,在2843个县级行政单位县级融媒体中心新媒体渠道中,微信渠道覆盖率为97.57%,微博渠道覆盖率为79.35%,抖音渠道覆盖率为91.42%,其中

三个渠道都有的县级行政单位有2128个,占比74.85%,三个渠道都没有的县级行政单位有36个,占比1.27%。

图7.1　2022年县级融媒体中心渠道覆盖情况

从微信、微博、抖音的渠道覆盖情况看,目前县级融媒体中心新媒体渠道覆盖率较高,其中微信和抖音渠道优势较为明显,且与2021年相比略有上升,微博渠道与2021年相比略有下降。

(二) 县级融媒体中心新媒体渠道粉丝分布情况

1. 微信粉丝数量分布情况

因微信渠道无法直观获取账号的粉丝数量,根据现有文献记载微信粉丝估算方法为:预估粉丝数=最近一期首条推文阅读量×系数,一般微信公众号系数取8~30。经过实践验证本年度对该预估粉丝数方法进行修订:预估粉丝数=全年首条推文阅读量的平均值×系数,根据官方新闻媒体的微信公众号特点,系数取25。微信渠道粉丝分布区间直方图如图7.2所示。

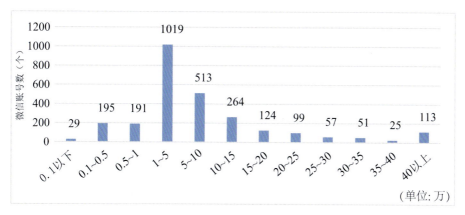

图7.2 微信渠道粉丝分布区间直方图

根据预估的微信粉丝分布区间直方图可以看出,县级融媒体中心微信渠道的粉丝数在1万~5万的最多,达1019个,占比37.78%;5万以上的共有1246个,占比46.20%;而粉丝数40万以上的有113个,占比4.19%;粉丝数低于1万的有415个,占比15.39%,此部分微信公众号影响力较小,需加强渠道影响力建设。分省份汇总如图7.3所示。

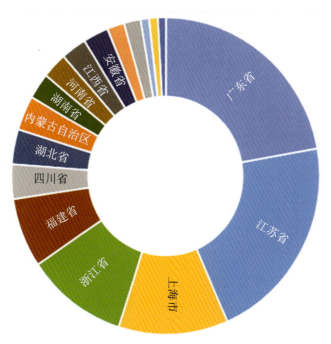

图7.3 微信预估粉丝数40万以上省级分布图

微信预估粉丝数100万以上的有8个,如表7.3所示。

表7.3 预估粉丝数100万以上的县区微信号

省 份	市	县 区	行政代码	微信名称	粉丝数(预估)
江苏省	无锡市	江阴市	320281	最江阴	2272790
广东省	佛山市	南海区	440605	南海发布	1661060
广东省	深圳市	龙岗区	440307	深圳龙岗发布	1233036
广东省	广州市	白云区	440111	广州白云发布	1224686
广东省	广州市	海珠区	440105	广州海珠发布	1222040
广东省	佛山市	顺德区	440606	顺德发布	1204829
广东省	广州市	花都区	440114	广州花都发布	1075444
广东省	深圳市	福田区	440304	幸福福田	1047901

从图7.3和表7.3可以看出,全国各县级融媒体中心的微信渠道粉丝数超过百万的主要分布在广东省。

2. 微博渠道粉丝数量分布情况

在微博渠道的粉丝数采集中,超过1万的粉丝数只显示到千,因此项目组记录微博渠道粉丝数时1万以下的据实记录,1万以上的精确到千,如图7.4所示。

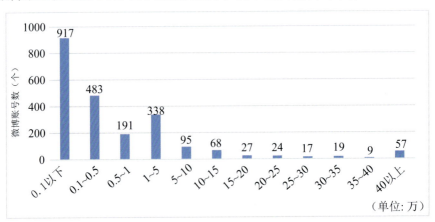

图7.4 微博渠道粉丝分布区间直方图

从图7.4可以看出,县级融媒体中心微博渠道粉丝不均衡,粉丝数1000以下的有917个,1000~5000的有483个,5万以上的有316个。微博粉丝数低于1万的有1591个,占比超过70%,数量较多。此部分微博账号影响力较小,需加强渠道影响力建设。粉丝数大于40万的有57个,主要分布在北京、江苏、四川、上海等省份,分省份汇总如图7.5所示。

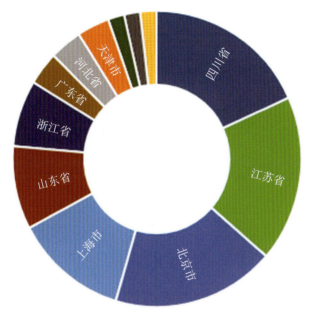

图7.5 微博粉丝数40万以上省级分布图

微博粉丝数大于100万的区县有15个,主要分布在江苏、天津、北京、山东等省份,其中江苏省南京市鼓楼区微博账号"鼓楼微讯"、天津市滨海新区微博账号"滨海发布"粉丝数超过500万,如表7.4所示。

表7.4 微博粉丝数100万以上账号列表

省　份	市	县　区	行政代码	微博名称	粉　丝　数
江苏省	南京市	鼓楼区	320106	鼓楼微讯	5224000
天津市	天津市	滨海新区	120116	滨海发布	5128000
北京市	北京市	丰台区	110106	北京丰台	2196000
山东省	枣庄市	滕州市	370481	滕州融媒	2182000
江苏省	南通市	如皋市	320682	如皋发布	1798000
北京市	北京市	房山区	110111	北京房山	1620000
山东省	潍坊市	寿光市	370783	寿光市融媒体中心	1611000

续表

省 份	市	县 区	行政代码	微博名称	粉 丝 数
河北省	衡水市	枣强县	131121	枣强县融媒体中心	1506000
江苏省	南京市	浦口区	320111	浦口发布	1505000
北京市	北京市	密云区	110118	生态密云	1501000
北京市	北京市	大兴区	110115	北京大兴	1496000
北京市	北京市	通州区	110112	北京通州发布	1491000
江苏省	南通市	海安市	320685	海安发布	1146000
四川省	成都市	双流区	510116	双流发布	1069000
北京市	北京市	西城区	110102	北京西城	1019000

3. 抖音渠道粉丝数量分布情况

在抖音渠道的粉丝数采集中,超过1万的粉丝数只显示到千,因此项目组记录抖音渠道粉丝数时1万以下的据实记录,1万以上的精确到千,如图7.6所示。

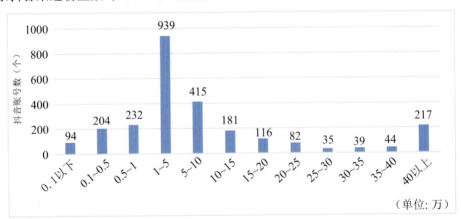

图7.6　抖音渠道粉丝分布区间直方图

各县级融媒体中心的抖音渠道粉丝数1万~5万占比最多,达939个;5万~10万的有415个;同时,超过40万的高粉丝数账号也较多,达到217个。抖音粉丝数低于1万的有530个,占比超过20%,此部分抖音账号影响力较小,需加强渠道影响力建设。分省份汇总如图7.7所示。

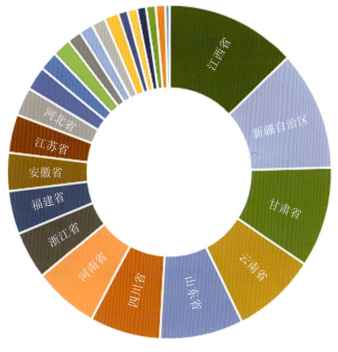

图7.7 抖音粉丝数40万以上省级分布图

粉丝数大于100万的抖音账号有73个，大于200万的有21个，如表7.5所示。

表7.5 抖音粉丝数200万以上账号列表

省 份	市	县 区	行政代码	抖音名称	粉丝数
甘肃省	天水市	秦安县	620522	五彩秦安	8250000
江苏省	无锡市	江阴市	320281	最江阴评论部	8146000
江西省	上饶市	弋阳县	361126	弋阳发布	7984000
江西省	抚州市	南丰县	361023	南丰县融媒体中心	7461000
江西省	赣州市	瑞金市	360781	红都瑞金	4992000
山东省	日照市	岚山区	371103	潮起岚山	4652000
四川省	成都市	青白江区	510113	青白江-融媒快报	3991000
北京市	北京市	海淀区	110108	海淀融媒	3355000
新疆维吾尔自治区	喀什地区	伽师县	653129	伽师县融媒体中心	3103000

续表

省 份	市	县 区	行政代码	抖音名称	粉丝数
上海市	上海市	浦东新区	310115	浦东发布	2941000
甘肃省	庆阳市	合水县	621024	合水融媒	2919000
四川省	宜宾市	长宁县	511524	最美长宁	2810000
云南省	红河哈尼族彝族自治州	弥勒市	532504	弥勒市融媒体中心	2775000
湖南省	长沙市	浏阳市	430181	浏阳电视台	2626000
甘肃省	张掖市	山丹县	620725	丝路话语	2367000
山东省	临沂市	兰山区	371302	兰山融媒	2313000
江西省	上饶市	婺源县	361130	魅力婺源	2287000
福建省	厦门市	集美区	350211	看见集美	2107000
江西省	宜春市	袁州区	360902	袁州发布	2081000
甘肃省	天水市	秦州区	620502	秦州融媒	2062000
浙江省	湖州市	长兴县	330522	掌心长兴	2034000

4. 2021和2022年三种渠道粉丝情况比较

从2021和2022年的渠道粉丝数对比来看,微信和微博渠道粉丝数较为稳定,且高粉丝数账号主要集中在广州、北京、上海、江苏、浙江等经济发达地区。但从抖音渠道看,高粉丝数账号数量多于微信和微博渠道,且不再局限在经济发达地区,甘肃、新疆、四川等地的县级融媒体中心抖音账号发展迅速,且从粉丝数量来看部分账号已经超出区县人口数,说明抖音账号的粉丝已经外溢到全国范围。

(三) 县级融媒体中心新媒体渠道科技信息占比情况分析

在采集新媒体三个渠道2022年发布信息数据的基础上,利用科技(普)词典进行数据匹配,将信息按关键词匹配到八大科技(普)信息分类,只要有一类关键词匹配则将该发文数据列为科技信息。每条科技信息如匹配多个大类,则分类统计时将按大类分别计数。

1. 各渠道发布科技信息占比情况

为评估各渠道科技信息发布占比情况,将采集的各渠道信息发布情况和科技

(普）信息数按渠道汇总，如表7.6、图7.8所示。

表7.6 各渠道科技信息占比情况表

序号	融媒体渠道	有数据的渠道数	总信息发布数	科技（普）信息数	科技（普）信息占比
1	微信渠道	2697	5405759	1597326	29.55%
2	微博渠道	1920	5592936	2124967	37.99%
3	抖音渠道	2513	1998069	628330	31.45%

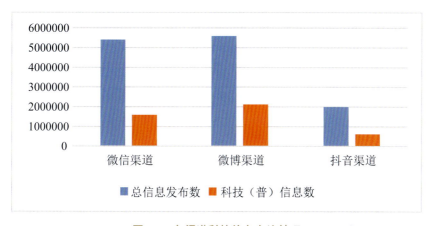

图7.8 各渠道科技信息占比情况

在各渠道中，总信息发布数微博领先，达到559万条，微信也达到540万条，抖音发布量约为200万条。经过统计，各渠道的科技（普）信息约占总发布数的30%，其中微博渠道的科技（普）信息占比较高，达到37.99%，抖音也达到31.45%。每账号年发布科技（普）信息数中，微信渠道平均每账号年发布592篇，微博渠道平均每账号年发布1107篇，抖音渠道平均每账号年发布250篇。

2. 2021和2022年科技信息发布数据对比

和2021年数据对比，2022年各渠道科技（普）发布信息量均有明显提高，微信渠道由占比19.61%上升到29.55%，科技信息发布信息量达到159.73万条；微博渠道由占比33.40%上升到37.99%，科技信息发布量由148.12万条上升到212.50万条；抖音渠道由占比22.64%上升到31.45%，科技信息发文量由31.47万条上升到62.83万条。

（四）县级融媒体中心各渠道不同信息分类情况分析

延用此前的科技信息分类方法，将科技（普）信息分为八类，分别为：航空航天、健康与医疗、能源利用、气候与环境、前沿技术、食品安全、信息科技、应急避险，各类分渠道信息情况如表7.7、图7.9所示。

表7.7 各渠道8类信息传播情况统计表（单位：条）

分类	微信渠道	微信占比	微博渠道	微博占比	抖音渠道	抖音占比
航空航天	9117	0.57%	158772	7.47%	13179	2.10%
健康与医疗	1063963	66.61%	1155651	54.38%	400705	63.77%
能源利用	38505	2.41%	98851	4.65%	13518	2.15%
气候与环境	197209	12.35%	469706	22.10%	63089	10.04%
前沿技术	24748	1.55%	167541	7.88%	68693	10.93%
食品安全	12696	0.79%	31246	1.47%	5002	0.80%
信息科技	43598	2.73%	275710	12.97%	15691	2.50%
应急避险	916910	57.40%	805992	37.93%	374841	59.66%

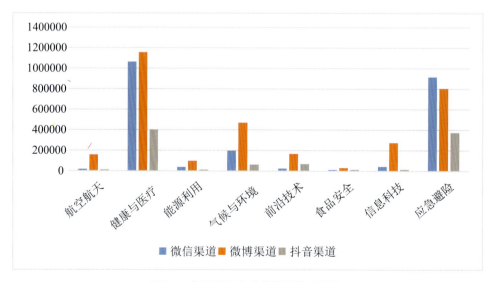

图7.9 各渠道八大分类传播情况汇总

从八大分类各渠道发布信息数量统计结果看,应急避险、健康与医疗均为三个渠道占比较高的分类,这与2022年疫情原因密切相关。除这两大类外,微信渠道的气候与环境,微博渠道的信息科技、航空航天、前沿技术,抖音渠道的前沿技术、气候与环境分类占比较高。

和2021年数据对比可以看出,2022年各渠道科技信息传播情况与2021年类似,均主要集中在应急避险和健康医疗分类上,且2022年这两个分类的占比略有上升。

(五)县级融媒体中心各渠道科技信息内容创作情况

通过微信、微博、抖音渠道的科技信息内容原创占比、转发权威内容占比和科普中国优秀资源引用情况占比三个维度,揭示县级融媒体中心新媒体渠道内容创作情况。其中的转发和引用科普中国数是指在标题或内容中有明确标出"转发/转自×××"的信息;微信渠道和微博渠道的内容页有原创标记,抖音没有原创标记,因此只能统计微信和微博渠道的原创科技信息数量。相关统计如表7.8所示。

表7.8 各渠道科技信息内容创作情况统计表(单位:条)

项目	微信渠道	微博渠道	抖音渠道
原创内容数	35838	2030395	—
原创内容占比	2.24%	95.55%	—
转发内容数	3598	17411	1554
转发内容占比	0.23%	0.82%	0.25%
引用科普中国数	8349	375	0
引用科普中国占比	0.52%	0.01%	0

从统计中可以看出,微博的原创内容、转发内容均远高于微信和抖音渠道,微博渠道的原创性高达95.55%,转发条数在总科技信息发布内容中的占比也达到0.82%。而从引用科普中国优质资源上看,微信渠道引用数量最多,达到8349条,但其在微信渠道发布的科技信息中占比也仅仅为0.52%。因此县级融媒体中心的微信、抖音渠道在科技信息内容创作上还需努力提高原创性,并根据著作权规定做好相应标注,这样不仅规范了科技(普)内容的传播,受众也会更加认可科技

(普)信息的权威性、科学性。

(六) 县级融媒体中心各渠道科技信息传播效果分析

在各渠道表征传播效果的指标中,微信渠道主要有阅读量、点赞量和在看量,微博渠道主要有点赞量、评论量、转发量,抖音渠道主要有点赞量、评论量和转发量。

1. 微信渠道科技信息传播效果

将微信的阅读量、点赞量和在看量按条均统计,并提取阅读量、点赞量、在看量超过1000的信息条数,如表7.9所示。

表7.9 微信科技类信息传播情况统计表

项　目	全部信息	科技类信息
条均阅读量	1856.52次	2711.22次
条均点赞量	8.65次	8.19次
条均在看量	4.92次	4.71次
阅读量超过1000信息条数	1494402条	416395条
点赞量超过1000信息条数	1769条	443条
在看量超过1000信息条数	782条	214条

从表7.9可以看出,微信渠道科技类信息条均阅读量明显高于全部信息条均阅读量,而条均点赞量、条均在看量则略低于全部信息。这说明在微信渠道中,科技类信息受众接受程度高于平均水平,但在互动性方面略低于平均水平。阅读量超过1000的科技类信息条数达到约41.64万,说明高阅读量的科技信息数量较多。

和2021年数据对比,2022年的科技类信息条均阅读量高于2021年数据,由2021年的1360.09次上升到2711.22次。

2. 微博渠道科技信息传播效果

将微博的点赞量、转发量、评论量按条均统计,并提取点赞量、转发量、评论量超过1000的信息条数,如表7.10所示。

表7.10 微博科技类信息传播情况统计表

项　　目	全　部　信　息	科　技　类　信　息
条均点赞量	3.83次	4.10次
条均转发量	3.66次	2.80次
条均评论量	1.89次	2.28次
点赞量超过1000信息条数	2355条	942条
转发量超过1000信息条数	1123条	447条
评论量超过1000信息条数	874条	363条

从表7.10可以看出，在微博渠道科技类信息条均点赞量、条均评论量均稍高于全部信息条均点赞量和评论量，条均转发量略低于全部信息条均转发量。整体上看，在县级融媒体中心微博渠道传播中，受众的互动性不高。

3. 抖音渠道科技信息传播效果

将抖音的点赞量、转发量、评论量按条均统计，并提取点赞量、转发量、评论量超过1000的信息条数，如表7.11所示。

表7.11 抖音科技类信息传播情况统计表

项　　目	全　部　信　息	科　技　类　文　章
条均点赞量	1446.89次	1185.37次
条均转发量	362.38次	322.69次
条均评论量	180.16次	134.57次
点赞量超过1000信息条数	188810条	61259条
转发量超过1000信息条数	57050条	20102条
评论量超过1000信息条数	36529条	9703条

从表7.11可以看出，在抖音渠道无论是全部信息还是科技类信息，其互动性均较强，受众在抖音渠道中更容易开展点赞、转发、评论等互动，但科技类信息的互动性略低于全部信息的平均值。抖音渠道点赞、转发、评论超过1000的信息条数高出微博较多，互动性明显高于微博。

（七）县级融媒体中心各渠道助力县域经济发展传播情况分析

助力县域经济发展传播内容包括县级融媒体中心开展科普活动、助农直播、农业科技专栏、科技创新专栏等科技（普）宣传内容。相关信息统计如表7.12所示。

表7.12　各渠道助力县域经济发展传播情况统计表

微信渠道	微信数量	微博渠道	微博数量	抖音渠道	抖音数量
1532个	3473条	1154个	16988条	719个	1489条

从以上三个渠道统计数据中可以看出，在全国2843个县中，超过半数以上的县级融媒体中心通过一个或多个渠道开展了助力县域经济发展相关活动，其中微博渠道开展科普活动、助农直播、农业科技专栏、科技创新专栏等科技（普）宣传较多，但数量占比还不高，有待加强。

和2021年数据对比，抖音渠道参与的县级融媒体中心在渠道个数和抖音发表的信息数量均有较大提升，渠道数量从2021年的492个提升到2022年的719个，发布信息数量从2021年的861条上升到1489条；微博渠道也略有提升，但提升幅度不大。说明抖音渠道正在发挥互动性强、短视频流行等优势，服务乡村振兴。

（八）县级融媒体中心各渠道突发公共卫生事件传播情况

2022年，全球仍然受到新冠疫情的影响，且猴痘病毒也在全球范围内继续传播。虽然病毒的传播和感染在一定程度上得到了控制，但病毒变异以及新的传播途径的出现，仍然给全球的公共卫生带来巨大的挑战。中国在面对突发公共卫生事件时，也积极采取了应对措施，以保障人民的健康和安全。本书选取新冠和猴痘这两个突发公共卫生事件，揭示县级融媒体中心新媒体渠道传播状况。相关统计如表7.13所示。

表7.13　突发公共卫生事件传播情况统计

项　目	微信渠道	微博渠道	抖音渠道
突发公共卫生事件信息数量	629119条	559334条	282031条
突发公共卫生事件信息在总信息中占比	39.39%	26.32%	44.89%
应急避险大类信息数量	916910条	803980条	374841条
突发公共卫生事件信息在应急避险类信息中占比	68.60%	69.57%	75.24%

从统计中可以看出，2022年县级融媒体中心针对"新冠""猴痘"等突发公共卫生事件，通过微信、抖音、微博等渠道进行全方位的报道，三个渠道的突发公共卫生事件的信息数量都占应急避险类信息的60%以上，体现了县级融媒体中心在突发公共卫生事件中的作用、责任和担当。

三　科普示范县与非科普示范县融媒体中心科技传播情况对比分析

本部分将2021年和2022年申报和获批的568个科普示范县作为研究组，将剩余的2275个非科普示范县作为对照组，通过研究组和对照组的各维度对比分析，反映目前科普示范县和非科普示范县科技传播情况。相关数据均取样本数据的区县融媒体中心的平均值，以使数据具备可比性。

（一）县级融媒体中心新媒体渠道基础数据对比

按全国科普示范县和非科普示范县分别统计微信、微博、抖音渠道粉丝数，如表7.14所示。

表7.14　基础数据对比表（单位：人）

序号	样本名称	样本数量	微信粉丝数	微博粉丝数	抖音粉丝数
1	全国科普示范县	568个	127187.94	81625.08	208449.18
2	非科普示范县	2275个	86906.52	36936.00	135869.69

在568个全国科普示范县融媒体中心中,其平均微信粉丝数、微博粉丝数和抖音粉丝数均远高于非科普示范县的融媒体中心,说明全国科普示范县融媒体中心的新媒体渠道基础较好,具有领先优势。从渠道建设情况看,全国科普示范县同时拥有微信、微博、抖音渠道的有443个,占比77.99%,非科普示范县同时拥有微信、微博、抖音渠道的有1685个,占比74.07%。

同2021年数据相比,2022年的全国科普示范县的微信、微博、抖音渠道平均粉丝数均有所增加。

(二)县级融媒体中心新媒体渠道科技传播状况对比

按全国科普示范县和非科普示范县分别统计微信、微博、抖音渠道年发布信息量和年发布科技(普)信息量,如表7.15所示。

表7.15 各渠道发布信息对比表(单位:条)

渠道	项目/组别	全国科普示范县	非科普示范县	级差
微信	年发布信息量	2267.70	2200.43	3.06%
	年发布科技(普)信息量	606.13	594.20	2.01%
微博	年发布信息量	3993.33	2932.04	36.20%
	年发布科技(普)信息量	1521.29	1041.52	46.06%
抖音	年发布信息量	831.63	785.81	5.83%
	年发布科技(普)信息量	277.88	247.25	12.39%

从表7.15可以看出,全国科普示范县融媒体中心在各渠道的年平均发布信息量和年平均科技(普)发布信息量均领先于非科普示范县,且在微博渠道,全国科普示范县融媒体中心比非科普示范县融媒体中心年发布科技(普)信息量平均高出46.06%。

同2021年数据相比,全国科普示范县融媒体中心在各渠道的年平均发布信息量和年平均科技(普)发布信息量也有所提升,提升幅度在10%左右。

从传播效果来看,全国科普示范县融媒体中心新媒体渠道各项指标均优于非科普示范县,其中微信的条均阅读量、抖音的条均点赞量和对照组相比均大幅度领先,如表7.16所示。

表7.16 传播效果对比表（单位：人次）

渠道	项目/组别	全国科普示范县	非科普示范县
微信	科技(普)类信息条均阅读量	3512.36	2268.24
微信	科技(普)类信息条均点赞量	10.30	8.64
微信	科技(普)类信息条均在看量	6.12	5.08
微博	科技(普)类信息条均点赞量	4.71	3.34
微博	科技(普)类信息条均评论量	2.87	1.47
微博	科技(普)类信息条均转发量	1.81	1.26
抖音	科技(普)类信息条均点赞量	1111.62	809.30
抖音	科技(普)类信息条均评论量	217.52	222.37
抖音	科技(普)类信息条均转发量	103.63	96.51

同2021年全国科普示范县融媒体中心数据对比，2022年全国科普示范县融媒体中心在微信渠道、抖音渠道指标均有小幅提升，微博渠道指标略有波动。

（三）县级融媒体中心新媒体渠道不同传播形态对比

按全国科普示范县和非科普示范县分别统计微信、微博、抖音渠道常态化科技(普)信息传播数量和应急事件科技(普)信息传播数量，如表7.17所示。

表7.17 科技(普)信息传播分类对比表（单位：条）

渠道	项目/组别	全国科普示范县	非科普示范县
微信	常态化科技(普)年均传播量	524.76	511.10
微信	应急事件科技(普)年均传播量	339.28	344.99
微博	常态化科技(普)年均传播量	1432.36	984.26
微博	应急事件科技(普)年均传播量	554.66	416.97
抖音	常态化科技(普)年均传播量	251.62	222.93
抖音	应急事件科技(普)年均传播量	168.81	147.95

注：常态化科技(普)包括航空航天、健康与医疗、能源利用、气候与环境、前沿技术、食品安全、信息科技七大分类；应急事件科技(普)包括应急避险一大类。

通过表7.17可以看出,在微信、抖音渠道的常态化和应急科技传播方面,全国科普示范县融媒体中心和非科普示范县差距不大,但在微博渠道的常态化和应急科技传播方面,全国科普示范县明显优于非科普示范县,约高出25%。

(四)县级融媒体中心新媒体渠道助力县域经济发展传播情况对比

按全国科普示范县和非科普示范县分别统计微信、微博、抖音渠道助力县域经济发展传播数量,如表7.18所示。

表7.18 助力县域经济发展传播情况对比表

渠道	项目/组别	全国科普示范县	非科普示范县
微信	助力县域发展年均传播数量	2.45	2.21
微博	助力县域发展年均传播数量	15.97	14.35
抖音	助力县域发展年均传播数量	2.39	1.98

通过表7.18可以看出,在助力县域经济发展传播情况方面,全国科普示范县和非科普示范县表现相当,且微博是其主要传播渠道。

(五)县级融媒体中心"科普中国"优质资源引用情况对比

"科普中国"作为提供科技传播内容的主要信息源之一,是县级融媒体中心开展科技传播信息获取的一个重要渠道。通过统计发现,各融媒体中心会引用"科普中国"资源进行直接传播和再次创作后传播。但当前各融媒体中心引用"科普中国"资源时标注来源的很少,在微信、微博渠道,平均每个融媒体中心仅有6条标明来源。科普中国优质资源引用对比如表7.19所示。

表7.19 科普中国优质资源引用对比表

渠道	项目/组别	全国科普示范县	非科普示范县
微信	科普中国优秀资源年均引用数量	3.00	1.00
微博	科普中国优秀资源年均引用数量	3.32	2.27
抖音	科普中国优秀资源年均引用数量	0.00	0.00

四　县级融媒体中心重大科普活动传播情况分析

延续2021年对重要科普活动的传播情况分析，2022年依然选取科技活动周、全国科普日、全国防灾减灾日、世界气象日四大重要科普活动作为研究对象，对县级融媒体中心新媒体渠道传播情况进行统计。

（一）重大科普活动报道数量分析

在新媒体渠道中，按关键词匹配关于全国防灾减灾日、全国科普日、科技活动周、世界气象日相关的报道，统计出各渠道参与报道区县融媒体中心数量和区县融媒体中心新媒体信息报道数量，如表7.20、图7.10、图7.11所示。

表7.20　新媒体渠道重大科普活动报道情况表

统计维度		全国防灾减灾日	全国科普日	科技活动周	世界气象日
微信渠道	参与区县数量	1147	685	423	316
	报道文章数量	1560	894	545	356
微博渠道	参与区县数量	628	432	244	235
	报道文章数量	2187	820	380	394
抖音渠道	参与区县数量	403	123	94	109
	报道文章数量	528	139	124	132

图7.10　重大科普活动参与新媒体报道区县数量汇总

图7.11　重大科普活动新媒体渠道内容报道数量汇总

从媒体渠道对四个重大科技(普)活动报道中可以看出,全国防灾减灾日报道量最高,微信渠道有1147个区县参与,微博渠道有628个区县参与,抖音渠道有403个区县参与。在其他活动中,全国科普日、科技活动周和世界气象日报道量逐次降低。从新媒体参与情况看,针对相同的重大科技(普)活动报道,微信渠道和微博渠道是主要媒体报道渠道。

同2021年相比,关于四大科普活动的报道,从区县覆盖程度和信息发布量来看,均有较大幅度的提高。但在整体区县中所占的比例仍然不高,关注度高的全国防灾减灾日也只有约40%的区县进行报道,科技活动周和世界气象日占比更低,均只有10%左右。

将各县级融媒体中心新媒体渠道针对四大科普活动的报道按省份汇总,并按报道数量平均值排序,得到表7.21和图7.12。

表7.21　四大科普活动各省份报道情况排名表

序号	省份	县区平均报道数	渠道/篇数	科技活动周	全国科普日	全国防灾减灾日	世界气象日
1	甘肃省	9.79	微信	51	44	99	19
			微博	98	119	253	48
			抖音	43	11	48	9
2	云南省	7.9	微信	58	70	98	31
			微博	48	140	408	73
			抖音	11	19	57	6

续表

序号	省份	县区平均报道数	渠道/篇数	科技活动周	全国科普日	全国防灾减灾日	世界气象日
3	北京市	7.31	微信	11	13	4	5
			微博	16	13	33	14
			抖音	0	2	4	2
4	上海市	6.56	微信	2	15	4	3
			微博	3	38	24	15
			抖音	0	1	0	0
5	天津市	4.63	微信	4	12	8	2
			微博	7	26	15	0
			抖音	0	0	0	0
6	宁夏回族自治区	4.27	微信	16	10	22	16
			微博	4	1	8	3
			抖音	3	0	7	4
7	河南省	3.65	微信	9	30	58	15
			微博	10	119	266	14
			抖音	2	10	25	15
8	江西省	3.48	微信	16	17	51	6
			微博	20	57	124	27
			抖音	2	6	17	5
9	新疆维吾尔自治区	3.38	微信	59	42	136	41
			微博	17	14	85	21
			抖音	14	16	49	33
10	江苏省	3.02	微信	7	12	18	2
			微博	11	28	177	26
			抖音	1	0	5	0

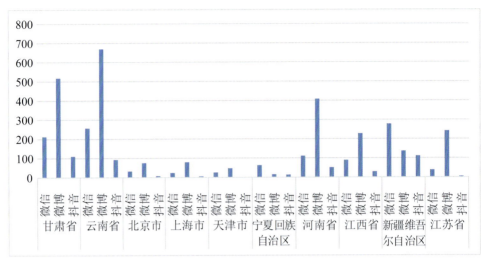

图7.12 四大科普活动排名前十省份报道汇总

从表7.21可以看出,甘肃省、云南省、北京市的县级融媒体中心参与程度较高,且宁夏回族自治区、新疆维吾尔自治区等边疆省份表现良好;排名前十省份的县级融媒体中心对四大科普活动的报道情况和整体情况类似,全国防灾减灾日报道最多,全国科普日和科技活动周次之。从图7.12可以看出,在参与报道的渠道选择上,微博报道数量最多。

(二)重大科普活动报道内容分析

通过对各县级融媒体中心新媒体渠道针对重大科技(普)活动报道的标题进行分词和词频统计,将词频统计输出为词云,可以展示出县级融媒体中心重大科技(普)活动报道内容概况。

1. 全国防灾减灾日

全国防灾减灾日宣传是县级融媒体中心新媒体渠道报道的热点,从内容词云可以看出,地震局、应急管理部等是防灾减灾日的主导单位,学校、社区、企业、学会等都积极参与宣传活动,通过发放宣传资料、现场讲解、展示宣传等方式,向群众普及防灾减灾知识;同时,县级融媒体中心在利用新媒体宣传时,还会通过短视频形式,向群众普及常见的灾害类型、应急自救方法、逃生演练等。防灾减灾日新媒体渠道报道内容词云如图7.13所示。

图7.13　全国防灾减灾日新媒体渠道报道内容词云

2. 全国科普日

从全国科普日内容关键词云可以看出,"二十大、科协、活动、科技"等关键词,与2022年全国科普日"喜迎二十大,科普向未来"主题高度契合;"展览、健康、活动、直播"等关键词,勾勒了全国科普日系列活动的主线;"线上、阅读、体验、打卡、讲座、教学、展示、互动"等关键词,说明2022年全国科普日的主要活动形式。全国科普日新媒体渠道报道内容词云如图7.14所示。

图7.14　全国科普日新媒体渠道报道内容词云

3. 科技活动周

根据词频和词云显示,各县级融媒体中心通过微信、微博、抖音发布的信息主要集中在科技活动周启动的新闻宣传上,少部分报道了科技活动周前的活动预告和科技活动周的工作总结。科技活动周新媒体渠道报道内容词云如图7.15所示。

图7.15 科技活动周新媒体渠道报道内容词云

4. 世界气象日

从内容词云可以看出,中国气象局、气象部门是世界气象日的主导单位,主要宣传内容有气象灾害宣传、灾害预报、极端天气风险等,围绕防灾减灾、预防气象灾害、减少财产损失等方面开展宣传,宣传对象有农民、学生、公众等。世界气象日新媒体渠道报道内容词云如图7.16所示。

图7.16 世界气象日新媒体渠道报道内容词云

五、县级融媒体中心十大科普事件传播情况分析

本部分依然选取"典赞·科普中国"2023年3月评选出的2022年十大科普事

件作为研究对象,抓取数据进行相关分析,探索县级融媒体中心新媒体渠道针对十大科普事件的报道情况。十大科普事件如表7.22所示。

表7.22 2022年十大科普事件列表

序号	事件名称
1	天宫三次开讲科普课,京港澳共话"太空梦",掀起全民航天科普热潮
2	《中华人民共和国科学技术进步法》修订实施,进一步明确科普是全社会的共同责任
3	涡流制动、永磁牵引系统等多项自主创新技术相继应用,中国高铁屡创佳绩
4	2022世界机器人大会在北京成功举行,引发科技界热议
5	2022年版标准地图和参考地图发布,全民国家版图意识显著提升
6	中共中央办公厅、国务院办公厅印发《关于新时代进一步加强科学技术普及工作的意见》
7	2022年全国科普日掀起各地科普热潮
8	党的二十大报告首次将教育科技人才一体部署,明确提出加强国家科普能力建设
9	中国6名航天员"太空会师",开启载人航天的新时代
10	新冠病毒感染实行"乙类乙管"

(一) 十大科普事件报道数量分析

将十大科普事件的各渠道报道媒体数和报道数量进行汇总,如表7.23及图7.17~图7.18所示。

表7.23 十大科普事件新媒体渠道报道情况统计表

渠道	项目/事件	事件1	事件2	事件3	事件4	事件5	事件6	事件7	事件8	事件9	事件10
微信	报道媒体数	237	0	0	4	103	8	685	10	86	874
	报道数量	273	0	0	4	105	8	894	10	88	988
微博	报道媒体数	515	2	13	65	129	38	431	149	332	430
	报道数量	2887	2	16	114	147	45	820	285	1038	1251

续表

渠道	项目/事件	事件1	事件2	事件3	事件4	事件5	事件6	事件7	事件8	事件9	事件10
抖音	报道媒体数	97	0	0	8	16	1	123	6	112	246
	报道数量	119	0	0	8	17	1	139	6	117	304
参与媒体汇总		849	2	13	77	248	47	1239	165	530	1550
三个渠道报道汇总		3279	2	16	126	269	54	1853	301	1243	2543

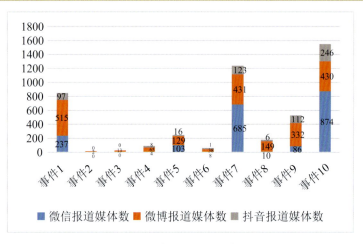

图7.17 十大科普事件报道媒体参与数量汇总

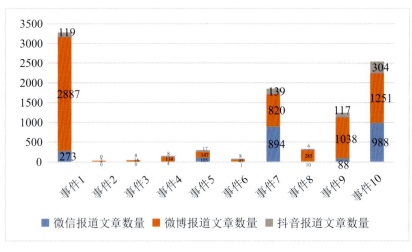

图7.18 十大科普事件报道数量汇总

从参与报道十大科普事件的媒体数看,事件10(新冠病毒感染实行"乙类乙管")报道的媒体数最多,有1243家;事件7(2022年全国科普日掀起各地科普热潮)和事件1(天宫三次开讲科普课,京港澳共话"太空梦",掀起全民航天科普热潮)分列第二和第三,参与的媒体数分别为1005家、709家;事件9(中国6名航天员"太空会师",开启载人航天的新时代)也有452家新媒体参与报道,其余事件报道参与度较低。

从媒体报道数量上看,事件1(天宫三次开讲科普课,京港澳共话"太空梦",掀起全民航天科普热潮)报道数量最多,达到3279条;事件10(新冠病毒感染实行"乙类乙管")和事件7(2022年全国科普日掀起各地科普热潮)分列第二和第三,报道数量分别为2543条和1853条;事件9(中国6名航天员"太空会师",开启载人航天的新时代)报道量也达到1243条。其余事件报道篇数均不超过1000条。

从整体上看,2022年县级融媒体中心新媒体渠道参与十大科普事件报道主要集中在民众关注的热点(如事件10)和重大科技事件(如事件7、事件1、事件9)上。但最高也仅有40%的县级融媒体中心参与报道。从报道数量上看,2022年的十大事件报道数量比2021年报道数量多,且同样仅对4个事件进行充分报道。从新媒体渠道使用上,针对十大科普事件的报道主要集中在微博渠道,微信渠道表现也较好,抖音渠道有待加强。

(二)十大科普事件各省份传播情况

将县级融媒体中心新媒体渠道报道十大科普事件按所属省份分类汇总,再提取发布信息均值排名前十的省份,形成表7.24。

表7.24 十大科普事件各省份报道情况排名表(前十)

省份	县区平均报道数	项目/事件	事件1	事件2	事件3	事件4	事件5	事件6	事件7	事件8	事件9	事件10
上海市	20.94	微信	10	0	0	0	2	0	15	0	3	10
		微博	136	0	0	3	8	0	38	6	61	41
		抖音	0	0	0	0	0	0	1	0	0	1

续表

省份	县区平均报道数	项目/事件	事件1	事件2	事件3	事件4	事件5	事件6	事件7	事件8	事件9	事件10
甘肃省	18.33	微信	23	0	0	0	11	5	44	1	20	43
		微博	675	0	3	29	32	9	119	27	216	226
		抖音	24	0	0	0	2	1	11	0	28	28
云南省	9.51	微信	32	0	0	0	5	0	70	0	3	33
		微博	493	0	1	39	17	8	140	24	177	140
		抖音	10	0	0	0	0	0	19	0	4	13
山东省	7.9	微信	18	0	0	0	2	0	34	1	12	46
		微博	297	0	0	19	12	5	67	59	140	259
		抖音	19	0	0	1	1	0	5	0	22	56
江西省	5.37	微信	10	0	0	0	0	0	17	1	0	41
		微博	226	0	8	8	8	0	57	4	67	63
		抖音	3	0	0	1	0	0	6	1	8	8
安徽省	5.3	微信	7	0	0	0	9	0	36	0	2	50
		微博	183	1	0	1	11	3	56	22	78	70
		抖音	1	0	0	0	1	0	13	1	2	5
江苏省	3.5	微信	0	0	0	0	1	0	12	0	1	31
		微博	125	0	0	3	9	2	28	7	40	63
		抖音	1	0	0	0	3	0	0	0	4	6
新疆维吾尔自治区	3.37	微信	20	0	0	0	1	1	42	0	3	46
		微博	78	1	0	2	7	3	14	11	11	38
		抖音	18	0	0	1	2	0	16	3	9	34
四川省	2.62	微信	4	0	0	1	0	0	22	0	1	58
		微博	190	0	1	4	10	1	22	2	62	79
		抖音	0	0	0	0	0	0	2	0	4	18
河南省	2.01	微信	8	0	0	1	2	0	30	0	3	36
		微博	50	0	0	2	1	1	119	4	3	19
		抖音	1	0	0	0	1	0	10	0	3	22

从表7.24可以看出，在前十排名中，有4个省份位于华东地区，西南、西北、华中各有2个，其中上海、甘肃、云南分列前三位，与2021年高度相似（2021年上海、

云南、甘肃分列前三），江西、安徽、江苏、四川4个省份和2021年一样进入前十。从媒体渠道看，十大科普事件传播主要还是在微博渠道传播，抖音占比较低。分省排名后，观察排名前五省份的县级融媒体中心对十大科普事件的报道情况，形成图7.19~图7.23。

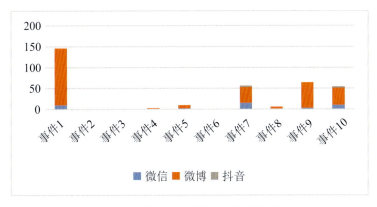

图7.19　上海市十大科普事件报道情况

上海市县级融媒体中心新媒体渠道对十大科普事件的报道主要集中在事件1、事件9、事件7和事件10，其中事件1占比最高。其主要的报道渠道为微博渠道，抖音渠道占比较低。

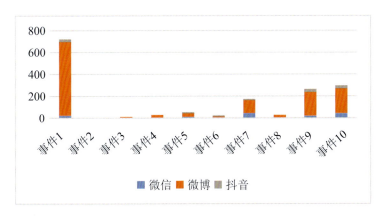

图7.20　甘肃省十大科普事件报道情况

甘肃省县级融媒体中心新媒体渠道对十大科普事件的报道主要集中在事件1、事件10、事件9和事件7，其中事件1占比最高。其主要的报道渠道为微博渠道，微信和抖音渠道占比较低。

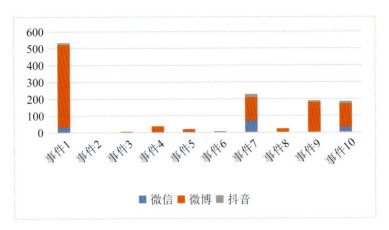

图 7.21　云南省十大科普事件报道情况

云南省县级融媒体中心新媒体渠道对十大科普事件的报道主要集中在事件 1、事件 7、事件 9 和事件 10,其中事件 1 占比最高。其主要的报道渠道为微博渠道,微信渠道在事件 7、事件 1 和事件 10 有贡献,其余和抖音一样渠道占比较低。

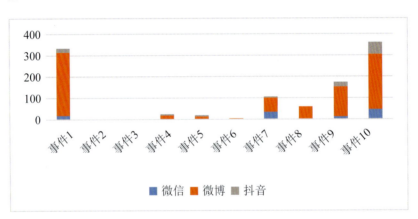

图 7.22　山东省十大科普事件报道情况

山东省县级融媒体中心新媒体渠道对十大科普事件的报道主要集中在事件 10、事件 1、事件 9 和事件 7,其中事件 10 占比较高。其主要的报道渠道为微博渠道,微信和抖音渠道占比不高。

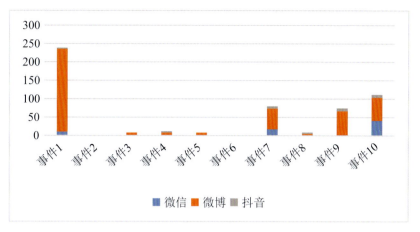

图7.23 江西省十大科普事件报道情况

江西省县级融媒体中心新媒体渠道对十大科普事件的报道主要集中在事件1、事件10、事件7和事件9,其中事件1占比最高。其主要的报道渠道为微博渠道,微信在事件10占比较高,其余和抖音一样渠道占比较低。

同2021年相比,2022年排名前十的省份的县级融媒体中心对十大科普事件的报道数量高于2021年;2021年各省份对十大科普事件报道的侧重点略有不同,但在2022年,绝大多数省份的报道重点均在事件10(新冠病毒感染实行"乙类乙管")和事件1(天宫三次开讲科普课,京港澳共话"太空梦",掀起全民航天科普热潮)。

六 县级融媒体中心新媒体科技传播能力分析

依据本书建立的县级融媒体中心科技传播能力评价指标体系及表5.2县级融媒体中心新媒体单一渠道科技传播能力评价指标权重表,本部分对县级融媒体中心微信、微博和抖音三个新媒体渠道分别进行了单一渠道科技传播能力评价和总体评价。在各指标归一算法中,采用自然对数归一法,以解决少量小数极大影响计算结果的问题;在新媒体三个渠道的总体评价中,对于各渠道权重的计算,采用的方法是微信、微博、抖音三个渠道各占三分之一。

（一）微信渠道科技传播能力

将全国县级融媒体中心有发布信息的2697个微信账号的数据进行整理后，利用科技传播能力评价模型进行定量计算，得出微信渠道整体排名。全国县级融媒体中心微信渠道科技传播能力排名前50如表7.25所示。

表7.25 全国县级融媒体中心微信渠道科技传播能力排名（前50）

省级名称	市级名称	区县名称	微信名称	微信排序
上海市	上海市	宝山区	上海宝山	1
上海市	上海市	徐汇区	上海徐汇	2
上海市	上海市	黄浦区	上海黄浦	3
天津市	天津市	河西区	天津河西	4
河南省	郑州市	金水区	金水发布	5
天津市	天津市	北辰区	微北辰	6
江苏省	苏州市	太仓市	太仓发布	7
甘肃省	白银市	靖远县	靖远电视台	8
福建省	宁德市	蕉城区	大梦蕉城	9
甘肃省	白银市	会宁县	会宁电视台	10
上海市	上海市	青浦区	绿色青浦	11
福建省	漳州市	平和县	平和新闻	12
内蒙古自治区	锡林郭勒盟	锡林浩特市	草原明珠锡林浩特蒙文版	13
福建省	泉州市	惠安县	惠安速报	14
内蒙古自治区	包头市	东河区	今日东河	15
内蒙古自治区	鄂尔多斯市	东胜区	东胜发布	16
北京市	北京市	密云区	生态密云	17
广东省	深圳市	福田区	幸福福田	18
甘肃省	定西市	陇西县	看陇西	19
上海市	上海市	金山区	i金山	20
天津市	天津市	宝坻区	宝坻融媒	21
天津市	天津市	宁河区	宁河融媒	22
甘肃省	定西市	岷县	岷县之声	23
浙江省	杭州市	滨江区	滨江发布	24

续表

省级名称	市级名称	区县名称	微信名称	微信排序
江苏省	苏州市	昆山市	昆山发布	25
北京市	北京市	丰台区	北京丰台	26
北京市	北京市	朝阳区	北京朝阳	27
福建省	福州市	闽侯县	遇见闽侯	28
甘肃省	定西市	临洮县	看临洮	29
浙江省	台州市	天台县	神秀天台	30
广东省	广州市	花都区	广州花都发布	31
江西省	宜春市	上高县	上高之声	32
甘肃省	张掖市	高台县	高台荟报	33
广东省	清远市	连南瑶族自治县	连南发布	34
黑龙江省	绥化市	北林区	北林发布	35
上海市	上海市	杨浦区	上海杨浦	36
广东省	汕头市	澄海区	今日澄海	37
上海市	上海市	闵行区	今日闵行	38
福建省	三明市	永安市	今日永安网	39
福建省	漳州市	漳浦县	漳浦县融媒体中心	40
广东省	清远市	清城区	清城发布	41
贵州省	遵义市	凤冈县	凤鸣高冈	42
湖北省	黄冈市	浠水县	秀美浠水	43
广东省	深圳市	龙岗区	深圳龙岗发布	44
福建省	泉州市	永春县	永春县融媒体中心	45
福建省	漳州市	龙海区	龙海新闻	46
云南省	西双版纳傣族自治州	景洪市	景洪发布	47
甘肃省	武威市	古浪县	看古浪	48
上海市	上海市	嘉定区	上海嘉定	49
云南省	西双版纳傣族自治州	勐腊县	勐腊发布	50

从表7.25可以看出，上海市宝山区、徐汇区、黄浦区的微信公众号分列前三，天津市河西区、河南省郑州市金水区排名第四和第五。通过数据回溯可知，排名

区县融媒体中心前列的微信公众号预估粉丝数量超过40万,全年均发布科技(普)类信息数量1700余条,条均阅读达到1万人次以上,表明其融媒体的传播力较强,均属于渠道基础扎实,已经开展科技(普)传播工作且传播效果良好的典型代表。

排名前50的县级融媒体中心微信渠道中,上海市和福建省各入选8个,甘肃省入选7个,天津市入选4个,北京市和内蒙古自治区各入选3个,浙江省、云南省、江苏省各入选2个。上海市、福建省、甘肃省、天津市和北京市整体实力高于其他省份;浙江省、江苏省等经济强省也表现优秀;甘肃省和内蒙古自治区在微信渠道上表现优异,与其在媒体融合上的积极探索有密切关系。

将县级融媒体中心微信渠道评估指标汇总到所属省份后,得出省级排名情况,如图7.24所示。从图中可以看出,微信渠道整体传播能力较好,且全国范围内差距并不大,其中上海市、天津市、北京市、福建省、江西省、江苏省、广东省等基础好、经济发展好的地区略微领先,青海省、黑龙江省、海南省、甘肃省传播能力也较为突出。

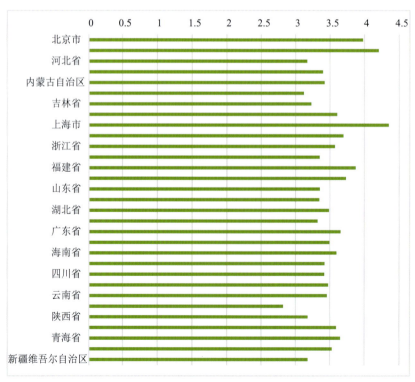

图7.24　各省份微信渠道科技传播能力示意图

（二）微博渠道科技传播能力

将全国县级融媒体中心有发布信息的2244个微博账号的数据进行整理后，利用融媒体中心科技传播能力评价模型进行定量计算，得出微博渠道整体排名。全国县级融媒体中心微博渠道科技传播能力排名前50如表7.26所示。

表7.26　全国县级融媒体中心微博渠道科技传播能力排名（前50）

省级名称	市级名称	区县名称	微博名称	微博排序
江苏省	南京市	鼓楼区	鼓楼微讯	1
云南省	昆明市	五华区	昆明五华发布	2
云南省	昆明市	西山区	昆明市西山区发布	3
江苏省	南京市	浦口区	浦口发布	4
江苏省	南京市	溧水区	溧水发布	5
北京市	北京市	大兴区	北京大兴	6
天津市	天津市	滨海新区	滨海发布	7
上海市	上海市	嘉定区	上海嘉定	8
江苏省	南京市	江宁区	江宁发布	9
上海市	上海市	浦东新区	浦东发布	10
江苏省	南京市	建邺区	建邺播报	11
上海市	上海市	杨浦区	上海杨浦	12
云南省	昆明市	禄劝彝族苗族自治县	昆明禄劝发布	13
云南省	昆明市	呈贡区	呈贡发布	14
四川省	成都市	新都区	新都资讯	15
云南省	昆明市	官渡区	昆明官渡发布	16
云南省	红河哈尼族彝族自治州	开远市	美丽开远	17
上海市	上海市	松江区	上海松江发布	18
江苏省	南京市	秦淮区	秦淮发布	19
江西省	南昌市	南昌县	南昌县发布	20
四川省	成都市	成华区	成华发布	21
上海市	上海市	长宁区	上海长宁	22
四川省	成都市	金牛区	看金牛	23
上海市	上海市	虹口区	上海虹口	24

续表

省级名称	市级名称	区县名称	微博名称	微博排序
四川省	成都市	青白江区	成都青白江	25
四川省	成都市	武侯区	武侯发布	26
四川省	成都市	邛崃市	醉美邛崃	27
江苏省	南京市	栖霞区	栖霞视点	28
上海市	上海市	青浦区	绿色青浦	29
江苏省	南京市	玄武区	玄武发布	30
上海市	上海市	奉贤区	上海奉贤发布	31
江苏省	南京市	雨花台区	金陵微雨花	32
上海市	上海市	宝山区	上海宝山发布	33
云南省	昆明市	嵩明县	嵩明发布	34
北京市	北京市	东城区	北京东城	35
上海市	上海市	徐汇区	上海徐汇发布	36
四川省	成都市	温江区	金温江	37
江苏省	淮安市	淮安区	淮安发布	38
上海市	上海市	普陀区	上海普陀	39
云南省	昆明市	安宁市	魅力安宁	40
上海市	上海市	静安区	上海静安	41
四川省	成都市	金堂县	金堂发布	42
四川省	成都市	龙泉驿区	天府龙泉	43
上海市	上海市	黄浦区	上海黄浦	44
北京市	北京市	丰台区	北京丰台	45
四川省	成都市	锦江区	品位锦江	46
四川省	成都市	崇州市	品质崇州	47
山东省	潍坊市	奎文区	奎文发布	48
四川省	成都市	蒲江县	绿色蒲江	49
四川省	成都市	大邑县	微博大邑	50

从表7.26可以看出,排名前十中,江苏省有4个账号,云南省和上海市各有2个账号,天津市和北京市各有1个账号。其中,江苏省南京市鼓楼区、云南省昆明市五华区和云南省昆明市西山区的微博账号分列前三。通过观察排名前列的微博账号,可以发现有以下三个特点:① 微博粉丝数量大,如江苏省南京市鼓楼区的鼓楼微讯、江苏省南京市浦口区的浦口发布、北京市大兴区的北京大兴、天津市

滨海新区的滨海发布，粉丝数量均超过百万，其中鼓楼微讯和滨海发布的粉丝数都达到500万；② 全年发布科技（普）信息数量多，如云南省昆明市五华区的昆明五华发布、云南省昆明市西山区的昆明市西山区发布、上海市嘉定区的上海嘉定，年发布科技（普）信息量均超过万条，其中昆明五华发布信息达到2万条；③ 各项均衡发展，如江苏省南京市溧水区的溧水发布、上海市嘉定区的上海嘉定、上海市浦东新区的浦东发布，在常态化科普、应急科普、突发公共卫生事件、重大科技活动、重大科技事件等方面均表现优秀。

排名前50的县级融媒体中心微博渠道中，上海市和四川省各入选13个，江苏省入选10个，云南省入选8个，北京市入选3个，江西省、天津市、山东省各入选1个。在微博渠道中，呈现较为集中的省级分布趋势，上海市、四川省、江苏省、云南省表现突出。各省的县级融媒体中心都在积极探索利用微博渠道开展科技传播，且取得显著成效。

将县级融媒体中心微博渠道评估指标汇总到所属省份后，得出省级排名情况，如图7.25所示。

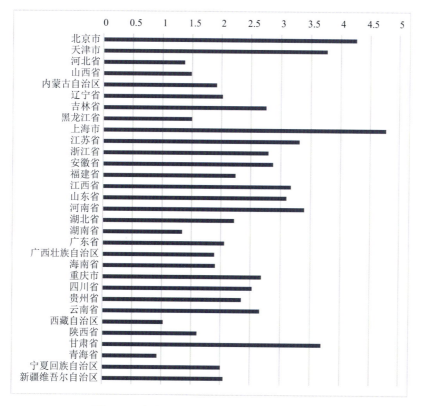

图7.25　各省份微博渠道科技传播能力示意图

从图7.25中可以看出,微博渠道整体科技传播能力地域差距较大。上海市、北京市、天津市以及东部沿海地区微博渠道科技传播能力较强;中西部地区和东北地区微博渠道科技传播能力较弱;甘肃省在微博渠道科技传播能力表现不俗,排名全国第四。

(三)抖音渠道科技传播能力

将全国县级融媒体中心有发布信息的2599个抖音账号的数据进行整理后,利用融媒体中心科技传播能力评价模型进行定量计算,得出抖音渠道整体排名。全国县级融媒体中心抖音渠道科技传播能力排名前50如表7.27所示。

表7.27 全国县级融媒体中心抖音渠道科技传播能力排名(前50)

省级名称	市级名称	区县名称	抖音名称	抖音排序
新疆维吾尔自治区	喀什地区	莎车县	莎车县融媒体中心	1
江西省	抚州市	南丰县	南丰县融媒体中心	2
山东省	日照市	岚山区	潮起岚山	3
甘肃省	天水市	秦安县	五彩秦安	4
云南省	文山壮族苗族自治州	文山市	非常文山	5
江西省	赣州市	瑞金市	红都瑞金	6
四川省	成都市	青白江区	青白江-融媒快报	7
江苏省	无锡市	江阴市	最江阴评论部	8
陕西省	渭南市	澄城县	陕西·澄城融媒	9
新疆维吾尔自治区	阿勒泰地区	阿勒泰市	雪都融媒	10
甘肃省	天水市	秦州区	秦州融媒	11
福建省	厦门市	集美区	看见集美	12
甘肃省	酒泉市	肃州区	肃州融媒	13
河南省	周口市	项城市	项城融媒	14
浙江省	金华市	义乌市	爱义乌	15
新疆维吾尔自治区	塔城地区	乌苏市	乌苏市融媒体中心	16
浙江省	金华市	武义县	武义融媒	17
山东省	烟台市	牟平区	牟视大观	18

续表

省级名称	市级名称	区县名称	抖音名称	抖音排序
河南省	许昌市	长葛市	长葛头条	19
云南省	红河哈尼族彝族自治州	弥勒市	弥勒市融媒体中心	20
河南省	安阳市	滑县	云上滑州	21
云南省	文山壮族苗族自治州	麻栗坡县	麻栗坡观察	22
河北省	衡水市	武邑县	武邑融媒	23
广东省	广州市	番禺区	番禺融媒	24
贵州省	毕节市	纳雍县	纳雍融媒	25
江西省	抚州市	临川区	临川·发布	26
云南省	红河哈尼族彝族自治州	石屏县	魅力石屏	27
北京市	北京市	丰台区	丰台发布	28
浙江省	温州市	瑞安市	瑞安新闻	29
河南省	驻马店市	遂平县	遂平县融媒体中心	30
浙江省	台州市	椒江区	醉美椒江	31
甘肃省	兰州市	安宁区	安宁发布	32
山东省	德州市	乐陵市	山东德州乐陵市融媒体中心	33
甘肃省	定西市	陇西县	陇西融媒	34
四川省	广元市	朝天区	朝天融媒	35
江苏省	宿迁市	泗阳县	泗阳融媒	36
新疆维吾尔自治区	和田地区	和田市	和田市融媒体中心	37
浙江省	温州市	泰顺县	泰顺30秒	38
甘肃省	天水市	甘谷县	甘谷县融媒体中心	39
山西省	晋城市	沁水县	沁水融媒	40
河南省	平顶山市	叶县	河南·叶县融媒	41
山西省	运城市	盐湖区	盐湖融媒	42
河南省	新乡市	延津县	延津融媒	43
浙江省	金华市	婺城区	婺城融媒	44
甘肃省	庆阳市	宁县	宁县融媒	45

续表

省级名称	市级名称	区县名称	抖音名称	抖音排序
云南省	大理白族自治州	祥云县	祥云融媒	46
云南省	曲靖市	麒麟区	麒麟区融媒体中心	47
新疆维吾尔自治区	喀什地区	岳普湖县	岳普湖在线	48
新疆维吾尔自治区	喀什地区	疏勒县	疏勒发布	49
新疆维吾尔自治区	喀什地区	伽师县	伽师县融媒体中心	50

从表7.27可以看出，新疆维吾尔自治区喀什地区莎车县的抖音账号"莎车县融媒体中心"排名第一，江西省抚州市南丰县的抖音账号"南丰县融媒体中心"排名第二，山东省日照市岚山区的抖音账号"潮起岚山"排名第三。回溯这几个账号数据可知："莎车县融媒体中心"抖音粉丝数171.6万，年发布科技(普)视频4510条，抖音条均点赞2793次，条均评论1542次，条均转发52.58次；"南丰县融媒体中心"抖音账号粉丝数746万，年发布科技(普)视频1310条，抖音条均点赞3868次，条均评论1125次，条均转发727.4次；"潮起岚山"抖音账号抖音粉丝数465.2万，年发布科技(普)视频765条，抖音条均点赞15627次，条均评论7468次，条均转发1386次。

排名前50的县级融媒体中心抖音渠道中，新疆维吾尔自治区、甘肃省各入选7个，河南省、云南省、浙江省各入选6个，江西省、山东省、山西省各入选2个，北京市、福建省、广东省、贵州省、陕西省各入选1个。可以看出，在抖音渠道中，排名前50的区县融媒体中心分布的省份较为分散，但新疆维吾尔自治区、甘肃省、河南省、云南省、浙江省有多个入围，表现优秀。各省的县级融媒体中心在积极探索利用抖音渠道开展科技传播。

将县级融媒体中心抖音渠道评估指标汇总到所属省份后，做出省级排名情况，如图7.26所示。抖音渠道整体科技传播能力弱于微信、微博渠道，主要原因是抖音年科技(普)发布信息量低于微信、微博渠道。从各省的科技传播能力排序上看，新疆维吾尔自治区、甘肃省、云南省、西藏自治区、贵州省等中西部省份在抖音渠道科技传播能力相对较强，江西省、浙江省、北京市、山东省等地区也充分利用抖音渠道开展科技传播，体现出一定的传播能力。

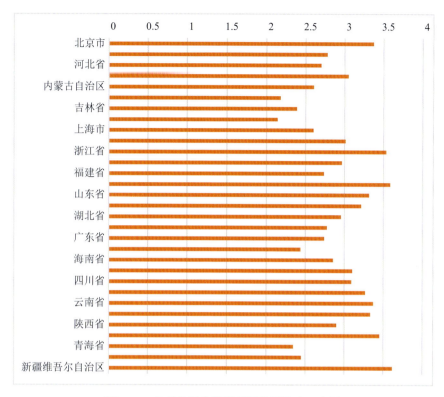

图7.26　各省份抖音渠道科技传播能力示意图

（四）新媒体渠道科技传播能力整体评估

为保证对新媒体渠道整体评估的合理性和公平性，本部分将三个新媒体渠道均完备且在2022年有发布科技（普）类信息的2076个县级融媒体中心，作为评估区县融媒体中心科技传播能力和省级科技传播能力的样本，并依据指标体系的指标将数据进行整理后，利用县级融媒体中心科技传播能力评价模型按渠道计算并按权重汇总，得出县级融媒体中心科技传播能力整体排名。将各区县汇总到省级后，计算各省的县级融媒体中心平均值并排序，得出县级融媒体中心所属省级科技传播能力整体排名。

1. 县级融媒体中心新媒体科技传播能力排名

县级融媒体中心新媒体科技传播能力的排序样本为三个渠道均完备且2022年有发布科技（普）信息的区县，排名前50名的如表7.28所示。

表7.28　全国县级融媒体中心科技传播能力排序（前50名）

省级名称	市级名称	区县名称	综合排序
上海市	上海市	宝山区	1
北京市	北京市	丰台区	2
北京市	北京市	大兴区	3
上海市	上海市	嘉定区	4
四川省	成都市	青白江区	5
天津市	天津市	滨海新区	6
云南省	红河哈尼族彝族自治州	开远市	7
江西省	抚州市	临川区	8
上海市	上海市	徐汇区	9
云南省	昆明市	西山区	10
甘肃省	白银市	会宁县	11
江苏省	无锡市	江阴市	12
上海市	上海市	黄浦区	13
浙江省	金华市	义乌市	14
江西省	鹰潭市	贵溪市	15
上海市	上海市	普陀区	16
江西省	南昌市	南昌县	17
四川省	成都市	新都区	18
上海市	上海市	闵行区	19
甘肃省	定西市	陇西县	20
云南省	昆明市	官渡区	21
云南省	昆明市	呈贡区	22
甘肃省	白银市	靖远县	23
上海市	上海市	静安区	24
江西省	赣州市	龙南市	25
上海市	上海市	虹口区	26
江西省	抚州市	南丰县	27
浙江省	湖州市	吴兴区	28
甘肃省	天水市	秦安县	29
云南省	昆明市	禄劝彝族苗族自治县	30
广东省	深圳市	龙岗区	31

续表

省级名称	市级名称	区县名称	综合排序
江苏省	苏州市	昆山市	32
福建省	厦门市	集美区	33
上海市	上海市	杨浦区	34
甘肃省	兰州市	城关区	35
江苏省	南京市	浦口区	36
四川省	成都市	锦江区	37
云南省	红河哈尼族彝族自治州	石屏县	38
北京市	北京市	朝阳区	39
湖北省	武汉市	东西湖区	40
江西省	南昌市	进贤县	41
甘肃省	酒泉市	敦煌市	42
浙江省	杭州市	滨江区	43
山东省	临沂市	罗庄区	44
四川省	成都市	金牛区	45
天津市	天津市	北辰区	46
山东省	日照市	岚山区	47
江苏省	南京市	溧水区	48
云南省	红河哈尼族彝族自治州	蒙自市	49
云南省	昆明市	安宁市	50

全国县级融媒体中心新媒体科技传播能力区县排名前50中,上海市入选9个,云南省入选8个,甘肃省、江西省各入选6个,四川省入选4个,北京市、浙江省入选3个,天津市、山东省入选2个,福建省、广东省、湖北省各入选1个。从以上排名可以看出,入选前50的既有上海市、北京市、天津市这样的直辖市,也有江苏省、山东省、浙江省这样的沿海强省。而甘肃省和云南省等西部地区表现优异,科技(普)传播情况优于其他省份。

2. 县级融媒体中心所属省级新媒体科技传播能力排名

将三个新媒体渠道均完备且在2022年有发布科技(普)类文信息的2076个县级融媒体中心评价排名汇总到省级,并按科技传播指数平均值排序,得到省级排名,各省份新媒体渠道科技传播能力示意图如图7.27所示。

表7.29　2022年县级融媒体中心所属省级新媒体科技传播能力排名

省级名称	渠道完备区县数	微信排序	微博排序	抖音排序	综合排序
上海市	16	1	1	25	1
北京市	14	3	2	6	2
天津市	16	2	3	19	3
甘肃省	85	11	4	4	4
江西省	98	5	7	2	5
江苏省	80	6	6	14	6
河南省	113	24	5	10	7
浙江省	79	12	10	3	8
山东省	116	22	8	8	9
云南省	122	17	13	5	10
重庆市	36	18	12	11	11
安徽省	92	23	9	15	12
贵州省	81	16	15	9	13
四川省	174	20	14	12	14
福建省	65	4	16	22	15
新疆维吾尔自治区	93	27	19	1	16
湖北省	51	15	17	16	17
广东省	49	7	18	21	18
吉林省	26	26	11	28	19
海南省	13	10	23	18	20
宁夏回族自治区	17	13	21	26	21
内蒙古自治区	74	19	22	24	22
山西省	74	21	27	13	23
广西壮族自治区	64	14	24	27	24
陕西省	101	28	25	17	25
湖南省	83	25	29	20	26
辽宁省	29	30	20	30	27
河北省	61	29	28	23	28
黑龙江省	97	9	26	31	29
西藏自治区	31	31	30	7	30
青海省	26	8	31	29	31

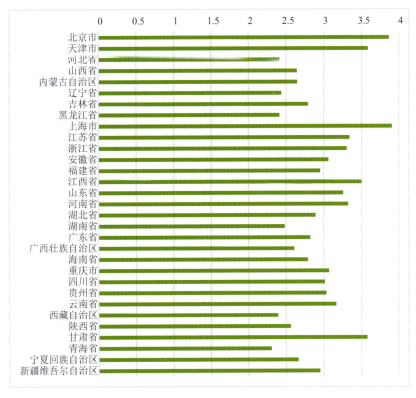

图 7.27　各省份新媒体渠道科技传播能力示意图

　　从评价结果来看,不同地区的县级融媒体中心科技传播能力存在明显的差异。一些发达地区的县级融媒体中心在科技传播能力上表现得更为突出,而一些欠发达地区的县级融媒体中心则相对较弱。在2022年县级融媒体中心所属省级科技传播能力排名中,上海市、北京市、天津市、甘肃省、江西省排名靠前,表现出在新媒体渠道的科技传播能力上具有较高的水平。其中,甘肃省和江西省特别值得关注,虽然不是经济发达地区,但它们在新媒体渠道的科技传播开展较好。

　　在2022年的评估中,微信、微博和抖音等社交媒体平台的影响力逐渐增强,成为县级融媒体中心展示和传播科技信息的重要渠道。对比2021年和2022年的数据,排名前五的省份相同,但位序有所变化;同2021年相比,2022年县级融媒体中心科技传播能力有了明显的提高,各地县级融媒体中心在科技传播方面投入更多的资源和精力;一些省份的县级融媒体中心科技传播能力有所提升,如山东省、河南省、江苏省等,而一些省份则有所下降,如四川省、内蒙古自治区、陕西省等。

结 论 篇

第八章 研究发现

通过前面评价篇和数据篇的研究,我们对2021年和2022年的县级融媒体中心科技传播情况进行汇总和分析,得出以下结论。

一 传播渠道

(一)县级融媒体中心传播渠道相对完备

当前我国县级融媒体中心已基本建成内容生产与发布平台,传播渠道已相对完备。在媒体深度融合的方针政策指导下,传统媒体、新媒体以及客户端等融合形成多渠道传播的新样态。在我国的县级融媒体中心中,微信渠道覆盖率2021年为96.53%,2022年上升为97.57%;微博渠道覆盖率2021年为79.41%,2022年为79.35%;抖音渠道覆盖率2021年为90.88%,2022年上升为91.42%。总体来说,几个主要新媒体渠道覆盖率稳步提升,这为县级融媒体中心开展科技传播提供了渠道支撑。

县级融媒体中心新媒体渠道建设符合新媒体的发展规律,微信渠道建设较早,其发布信息稳定,覆盖人群广,内容权威;微博渠道具有很强的互动性,通过点赞、转发、评论可以在较大范围引发受众互动;抖音符合短视频时代信息传播的要求,近几年发展迅速。但同时我们也发现:从2022年统计数据来看,目前全国还有36个县级融媒体中心未建立新媒体渠道,且有部分融媒体中心建立了新媒体渠道但不更新或更新数量较少。在发布科技信息的县级融媒体中心当中,微博渠道粉丝数低于1万的有1591个,占比70.8%;抖音渠道粉丝数低于1万的有530个,占比20.4%;微信渠道粉丝数低于1万的有415个,占比15%。这些新媒体渠道影响力较小,还需进一步加强渠道建设,扩大影响力,提升科技传播效果。

(二)形成媒体融合传播矩阵,触达更加广泛的人群

从研究数据中可以看到,全国的县级融媒体中心融合传播矩阵已经基本形成。尤其是新媒体传播渠道,发挥着越来越重要的作用。2022年的新媒体渠道中,微信、微博、抖音渠道的粉丝均主要集中在1万~5万,其中微信粉丝超过100万的有8个,微博粉丝数超过100万的有15个,抖音粉丝数超过100万的有73个。新媒体渠道拥有较高的粉丝数量,具有较好的传播基础,并且有的已经呈现出跨地域发展的趋势。以抖音渠道为例,甘肃天水的秦安县抖音账号"五彩秦安"粉丝数已经达到825万,远超秦安县人口数(截至2022年底为40.8万人),展现出县级新媒体账号跨地域发展的趋势。

根据可以获取到的综合数据来看,当前各县级融媒体中心全渠道传播人口覆盖率较高,融合传播矩阵建设使媒体触达了更加广泛的用户群体,扩大了科技传播影响力,但仍有进一步扩展和发展的空间。

(三)传统传播渠道式微,但内容影响力不容小觑

虽然传统传播渠道衰落的趋势明显,但传统媒体的整体传播能力还是不容小觑的。在县级融媒体中心中,很多区县有电视和广播两大传统媒体,部分区县还有纸媒。传统媒体在互动性、吸引力等方面虽然远不如新媒体,但其具备聚焦提高新闻舆论传播力、引导力、影响力和公信力的作用,其具有的品牌优势和资源优势是新媒体所不可替代的。从2021年的数据可以看到,全国科普示范县中有289个县设有科技栏目,占填写问卷总数的58.6%;有61个县直接转播CCTV、科普中国等资源,占比12.4%。共有371个电视栏目,全年播出科技(普)节目时长累计

17916小时。品牌栏目如《科普大篷车》转播得最多,播放的时间与内容也规范统一。

(四)新媒体逐渐成为县级融媒体中心传播的主战场

中国互联网络信息中心(CNNIC)发布的第53次《中国互联网络发展状况统计报告》中显示,截至2023年12月,我国网民规模为10.92亿,互联网普及率达77.5%。从各类媒体"两微一端"的传播情况看,移动端逐渐成为媒体融合传播的主战场。综合各类媒体来看,"两微一端"中,微信的使用率最高,微博其次,抖音也是短视频阶段重要的传播模式。其中,三个渠道都覆盖的县级行政单位有2128个,占比74.64%;三个渠道都未覆盖的县级行政单位有43个,占比1.51%。在重大科普活动和科普事件的宣传中,都发挥了一定的作用。

二　传播内容

(一)县级融媒体中心科技传播全面铺开

从新媒体渠道信息发布情况看,县级融媒体中心已经广泛利用新媒体平台开展科技传播。在2022年县级融媒体中心新媒体渠道发布的信息中,微信渠道科技(普)信息数达到160万条,占比29.55%;微博渠道科技(普)信息数达到212万条,占比37.99%;抖音渠道科技(普)信息数达到63万条,占比31.45%。每账号年发布科技(普)信息数中,微信渠道平均每账号年发布592条,微博渠道平均每账号年发布1107条,抖音渠道平均每账号年发布250条。从各渠道发布信息占比来看,科技(普)信息发布数量占各渠道总发布数量的30%以上,表明县级融媒体中心已经自发开展科技传播。

(二)应急避险、健康与医疗是传播热点

从县级融媒体中心新媒体渠道科技传播的内容分类中可以看出,应急避险、健康与医疗是县级融媒体中心报道的重点,传播的话题最多。应急避险一直是科

普领域重点关注的内容,在不同渠道的传播占比都处于前列位置。2021年,抖音端占比为52.6%,微信端占比为48.9%,微博端占比为35.63%。2022年,微信、微博、抖音渠道的占比均超过50%。由于公众自身需求及新冠疫情等原因,健康与医疗相关内容也始终是科技传播的热点所在。2021年微博端占比为41.31%,微信端占比为37.28%,抖音端占比为3.17%。2022年微博端占比为54.38%,微信端占比为66.61%,抖音端占比为63.77%。除此之外,2022年,微信渠道的气候与环境、微博渠道的信息科技、航空航天、前沿技术、抖音渠道的前沿技术、气候与环境分类占比较高,均超过10%。而食品安全、能源利用等分类传播占比较低。在突发公共卫生事件中,县级融媒体中心新媒体渠道发挥优势,在2022年"新冠""猴痘"等突发公共卫生事件中,通过新媒体渠道进行全方位报道,信息占比在40%左右,体现了县级融媒体中心引导群众、服务群众的作用。

(三)云上助农,多渠道赋能乡村振兴

随着新一轮科技革命和产业变革向纵深推进,数字经济加速向农业农村广泛渗透,为我国农业现代化带来重大机遇。目前,我国正以数字技术应用为突破口,加快农业数字化转型,全面推进乡村振兴。在助力乡村振兴的过程中,县级融媒体中心也在发挥自身作用,通过开展科普活动、助农直播、设立农业科技专栏、科技创新专栏等方式进行科技(普)宣传,为乡村振兴贡献力量。

通过数据统计发现:2021年,我国已有100余个县级融媒体中心开展助农直播、制作应急科普短视频等,不断创新"短视频""直播电商""慢直播"等新业态,促进县域经济发展。以云南省腾冲市(县级市)为例,其融媒体中心积极开展公益直播,已形成了拥有11个发布平台的融媒体矩阵,可实现一次采集、多元生成、多端发布。为助力农民增收,腾冲融媒体中心借助自身平台,通过主播与农户共同出镜直播带货,推出了栗树园腌菜、太极桥果脯、北海镇冬桃、新华乡猕猴桃、荷花镇砂糖橘、明光镇萝卜、猴桥镇木瓜等农副产品,提高了社会影响面和市场关注度。2022年,约有50%的县级融媒体中心开展助力乡村振兴相关活动,其中微博渠道开展科普活动、助农直播、农业科技专栏、科技创新专栏等科技(普)宣传较多,平均每个县级融媒体中心每年开展10次活动。

（四）对重大科普活动和科普事件有一定的关注

县级融媒体中心对重大科普活动和科普事件的传播情况在一定程度上反映了县级融媒体中心开展科技传播的基本情况。

2021年数据显示，在1277个县级融媒体中心样本对十大科普事件的报道中，有760个县至少参与了1个事件的报道，占比约59.5%。2022年数据显示，县级融媒体中心参与十大科普事件报道主要集中在民众关注的热点和重大科技事件上，报道情况和2021年基本一致。但县级融媒体中心对政策宣传类事件的关注度较低。

从县级融媒体中心对四个品牌性科普活动2021、2022这两年的传播数据可以看出，参与报道的区县融媒体中心数量在逐年提升，各渠道参与报道的数量也是有所提升。

总体来说，县级融媒体中心对科普活动和科普事件都有一定的关注度，但在传播上还有很大的提升空间。

（五）原创内容比例有待提升

县级融媒体中心的科技传播在内容创作方面还需要进一步加强，原创内容比例有待提升。以2022年数据为例，县级融媒体中心在微信渠道的原创内容占比较低，共发布信息3.6万条，仅占比2.24%。微博虽然通过其标记得到发布的原创内容占比较高，但这些原创内容多为转发其他信息并进行加工处理而得。抖音不标识原创，因此无法统计原创内容数，但转发内容数为0.2万条，仅占比0.25%。从上述分析可见：县级融媒体中心的新媒体渠道在科技信息内容创作上还需加强，进一步强化原创内容的生产是县级融媒体中心提升科技传播能力的重要一环。

三　传　播　效　果

(一) 公众对科技信息的接受程度高于平均水平

随着社会的全方位发展,尤其近几年我国科技的突飞猛进,使得越来越多的人对科技信息表现出较高的兴趣和需求。因此,县级融媒体中心的科技传播内容也有所提升,尤其是新媒体渠道,通过打破时空限制、多样化的表现形式更好地满足了公众个性化、互动性、实时性的需求,增强了传播效果。从2021、2022两年的统计数据可以看出,县级融媒体中心新媒体渠道的科技(普)类信息条均阅读量、点赞量、转发量、评论量均略高于全部信息的平均值。以微信为例,2021年微信科技(普)类信息条均阅读量(1360.09次)高于微信全部信息条均阅读量(1226.68次);2022年,微信渠道中科技(普)类信息条均阅读量(2711次)远高于全部信息平均值(1586次),表明科技(普)类信息公众接受程度高于平均水平。

(二) 科技信息高影响力文章显现

科技(普)信息高影响力文章开始显现。以2022年数据为例,在高影响力(阅读量、点赞量、转发量、评论量大于1000)文章中,微信阅读量超过1000的信息数达到416395条,点赞量超过1000的信息数443条,在看量超过1000的信息数214条;微博点赞量超过1000的信息数942条,转发量超过1000的信息数447条,评论量超过1000的信息数363条;抖音点赞量超过1000的信息数61259条,转发量超过1000的信息数20102条,评论量超过1000的信息数9703条。各渠道的高影响力信息数量占全部高影响力信息数量的40%以上,且微信体现出更高的权威性,抖音体现出更好的互动性。

四　区域观察

（一）综合排序，上海领跑，西部成绩喜人

综合2021和2022两年的省级新媒体科技传播能力排名情况来看，上海市、北京市、天津市、甘肃省、江西省在科技传播方面具有较强的传播能力。其中，上海领跑，西部省份表现喜人。上海、北京、天津三直辖市融媒体中心建设完备，影响力较大，在科技信息传播能力上具有明显的优势。这既得益于融媒体自覆盖面广、公众基数大、信息权威及时，也与其在媒体融合上的积极探索有关。而值得一提的是，中西部地区一些省份的融媒体中心也表现出优异的科技传播能力，如甘肃、云南、四川等省份跻身科技传播能力排名前十，科技传播效果较为显著。

（二）县级融媒体中心新媒体渠道科技传播具有明显地域差距

在全国范围内，县级融媒体中心在微信渠道的科技信息传播能力存在显著的地域差异。一些地区的县级融媒体中心在传播力、引导力、公信力和影响力方面表现出色，如上海市、北京市、天津市、江苏省、浙江省等经济较为发达的地区，这些地区的县级融媒体中心能够充分利用微信平台的优势，实现快速、广泛的信息传播和互动，从而提升了其在科技传播领域的地位和影响力。

甘肃省在科技传播能力方面表现出色，其在2022年的评估中排名第四，且在全国县级融媒体中心所在区县排名前50中有11个区县入选，表现十分优秀，这表明甘肃省在科技传播方面具有较高的水平。在新媒体渠道中，甘肃省的县级融媒体中心抖音和微博的传播能力都排序靠前，表明其积极投入和充分利用了这两个社交媒体平台，在科技传播方面做得较好，取得了良好的传播效果。

但是，并不是所有地区的县级融媒体中心都具有较好的科技传播能力，有些地区间甚至存在明显的地域差距。造成差距的原因与当地的经济发展水平、媒体资源投入、人才队伍建设等因素都有一定的关系。因此，提升县级融媒体中心的科技传播能力并不仅仅依靠地域经济发展水平，还需要通过县级融媒体中心深化

自身机制改革,加大媒体融合力度,拓展媒体渠道,加强内容建设,加强人才队伍培养等,进一步开展高质量的科技传播活动。

五 特别发现

在对全国县级融媒体中心进行科技传播评价的过程中还有一些比较特别的发现,主要包括三个方面:一是科普示范县引领作用抢眼;二是中西部省份表现突出;三是对重大事件的关注提升了传播效果。

(一)科普示范县引领作用抢眼

以创建"全国科普示范县"为引领,县级党委和政府、县科协、县融媒体中心对科普的重视程度都有所提升。各区县紧紧围绕创建"全国科普示范县"总体目标,进一步加强组织领导,优化资源配置,建立健全全民科学素质工作组织网络、基础设施、宣传阵地、科普活动、示范体系,让县级科普工作走上制度化、社会化、群众化、信息化、品牌化、规范化的轨道。

就各县级融媒体中心科技传播情况来看,科普示范县的引领作用较为明显。数据表明:568个全国科普示范县的融媒体中心通过新媒体渠道开展科技传播的表现优于非示范县融媒体中心。全国科普示范县融媒体中心的新媒体渠道基础较好,其平均微信粉丝数、微博粉丝数和抖音粉丝数均高于非科普示范县的融媒体中心,且高出40%以上。从传播效果看,全国科普示范县融媒体中心新媒体渠道各项指标均优于非科普示范县,其中微信的条均阅读量、抖音的条均点赞量和对照组相比均有较大幅度的领先;在微博渠道,全国科普示范县融媒体中心全年发布科技(普)信息量、总体传播效果以及科普中国资源落地引用情况,远超非科普示范县数据。

(二)中西部省份表现突出

在县级融媒体中心科技传播能力排序前十的名单中,甘肃省、江西省、四川省、云南省也位列其中,表现突出。中西部地区不断强化互联网思维,积极运用直播、VR、人工智能等技术，坚持从资源整合、品牌打造、渠道拓展和落地应用等方面靶向发力，扎实推进科普信息化建设，取得了积极成效。科技传播难点在基层，中西部地区利用县级融媒体中心科技传播赋能基层，强化科普信息的推送服务，打通科技传播的"最后一公里"，推动"科普中国"资源落地应用。在一定程度上消减了区域间科学素质鸿沟，为中西部地区推动全民科学素质提升提供了新引擎。

（三）关注重大事件，提升传播效果

对重大事件的报道是媒体报道中的重要组成部分，也是提高县级融媒体中心传播力、引导力、影响力、公信力的重要抓手。重大活动相较于其他日常新闻事件，不仅对媒体有更大的拉力，也对广大公众有更多的吸引力，是公众自然而然接受的"品牌活动"。2021年云南省在县级融媒体科技传播能力评价中脱颖而出是因为入选"典赞•科普中国"的2021年10月《生物多样性公约》缔约方大会第十五次会议（COP15）第一阶段会议在中国昆明成功举办这一重大科普事件。云南省利用相应省份的区位优势，构建多维、立体、全方位的报道，强化了重大事件的宣传力度，提升了重大事件的宣传质量。针对重大科普事件的传播为县级融媒体中心科技传播的内容聚集和效果提升提供了新方向。

六　存在的问题

研究结果显示，县级融媒体中心科技传播工作已在全国范围铺开，并且涌现出一批县级融媒体中心科技传播典型事例和一些未在预设范围内的可喜情况。这些为县级融媒体中心科技传播的发展奠定了坚实基础，也坚定了未来融合发展的方向和信心。但是，由于各地经济发展状况、县级融媒体中心建设水平、科技传播的模式和科技传播的结果差异较大，使得存在的一些问题也浮出水面。这些问题如果不能及时解决，将严重制约县级融媒体科技传播健康发展与持续推进。当前县级融媒体中心在科技传播中取得的成绩是对县级融媒体科技传播"可能性"的回应，但有关融合的"持续性"问题仍有待深入思考。

（一）县级融媒体中心科技传播利用率有待提升

县级融媒体中心是基层传播的重要载体，具有贴近基层、贴近群众的优势。因此，依托县级融媒体中心开展科技传播可以更好地实现信息的"最后一公里"到达。从目前全国县级融媒体中心的科技传播整体情况来看，通过其进行科技传播的利用率还需要进一步提升。以2021和2022两年县级融媒体中心对重大科普活动和重大科普事件传播情况为例，相应的数据显示，参与这些内容报道的县区融媒体中心比例并不高，所以区域覆盖率也有所不足。造成这一问题的原因主要有两方面：一是从其自身建设来看，多数县级融媒体中心在机制的融合、平台的建设及技术掌握等方面还处在摸索中前行的状态，提升整体传播能力还需要一定的时间；二是从意识来看，部分县（市）没有充分认识到科技传播在优质资源供给、凝聚共识、提高公民科学素质、助力乡村振兴、共同服务群众方面的重要作用，因此，对科技传播的重视程度还有所不足。

（二）县级融媒体中心科技传播定位有待锚定

县级融媒体中心是基层舆论引导力建设体系的重要推动者。"引导群众、服务群众"是县级融媒体中心的基本任务。"引导群众"是自上而下的传播，属于供给侧思维，具体到科技传播，其内容是区域公众应知应会内容的传播；是普及科学知识、倡导科学方法、传播科学思想、弘扬科学精神的宣传和准确解读；是在重大危机事件和突发性事件中承担媒体职责；是对科技（普）政策、突发事件原理的科学解读。而"服务群众"，是自下而上的传播，属于需求侧思维，以大数据技术为依托的，对区域公众喜爱的科技内容传播。传播内容以区域内的公众为核心，以公众喜欢什么、公众需要什么为导向。因此，要想做好县级融媒体科技传播工作，需要综合考虑供给与需求，对传播内容进行明确定位，由此才能实现传播目的，达到传播效果。

（三）县级融媒体中心科技传播资源有待对接

多数县级融媒体中心面临优质科普资源内容不足的问题：一方面自行创作受

人员数量、人员能力、对科技原理无法把控带来的制约;另一方面资源转载受到场景不匹配、资源格式不匹配、资源来源不可信的制约。以新媒体各传播渠道为例,科技(普)信息占总发布信息数比例从2021年的20%到2022年的30%,呈现出上升的趋势,但在2021和2022年,因为疫情的原因(疫情内容归入科普内容之中),与之相关的信息推送率较高,使得科技传播信息的整体占比有所增加。而除去疫情的内容,我国县级融媒体中心发布的科技(普)信息占总发布量的比例仅为5%。因此,排除特殊时期特殊因素的传播内容外,县级融媒体中心目前需要大量优质的科普资源。

(四)县级融媒体中心科技传播效果有待增强

从总体上看,县级融媒体中心各端口的融合传播力都得到了很大提升。但深入分析各省份不同传播渠道的情况可以发现,传播力两极分化现象非常明显。县级融媒体中心各端口粉丝量仍需提升、科普内容互动严重不足,科普文章阅读量不高,原创科普内容较少,高质量的科普产品也少。以微信端为例,2021年科技类信息总数479691条,高阅读量信息数(>1000)达到99461条,约占信息总数的21%,但高点赞量信息数(>1000)仅有182条,高在看量信息数(>1000)仅有190条。2022年科技类信息总数1494402条,高阅读量信息数(>1000)达到416395条,约占信息总数的28%,但高点赞量信息数(>1000)仅有443条,高在看量信息数(>1000)仅有214条。

(五)县级融媒体中心科技传播人才队伍有待建设

媒体深度融合对媒体从业人员的素质提出了更高的要求,但目前很多县级融媒体中心都存在人员配备不足、人才队伍的综合素质和能力远远不能满足融媒体中心建设的高标准和高要求等问题。对于采编人员来说,不仅要掌握新闻业务知识,同时还要有全方位的编辑技能,熟悉电脑和网络知识并能综合使用文字、图像、视频等传播手段。然而,由于目前一些县级融媒体中心员工知识素质偏低,年龄结构整体老化,体制机制又难以吸引优秀人才尤其是技术人才,同时还缺乏有效的培训机制,员工能力提升空间十分有限,导致人才队伍结构极不合理,专业人才极为匮乏。所以,建设县级融媒体中心科技传播的人才队伍也是当务之急。

建议篇

第九章　提升县级融媒体中心科技传播能力的对策建议

县级融媒体中心作为国家媒体融合传播矩阵中的重要组成部分,在科技传播中发挥着十分关键的作用。通过前面的研究,不仅能掌握目前我国县级融媒体中心科技传播的总体状况,也能发现许多存在的问题。为进一步推动实施全媒体科技传播能力提升计划,强化县级融媒体中心科技传播能力,以达到提升公民科学素质、提升基层社会治理效能的目标,本章提出了提升县级融媒体中心科技传播能力的一些对策和建议。

一　加强顶层政策引导,强化县级融媒体中心科技传播责任意识

《"十四五"国家科学技术普及发展规划》(以下简称《规划》)提出,要构建全媒体科学传播矩阵,引导中央、地方及行业主要新闻媒体参与科普创作与报道;大力发展网络科普,支持适应新媒体特点的科普内容创作和传播载体建设,鼓励和支持以短视频、直播等方式通过新媒体网络平台科普。《关于新时代进一步加强科学技术普及工作的意见》(以下简称《意见》)指出,各类媒体要发挥传播渠道重要作用,广播、电视、报刊、网络等各类媒体要加大科技宣传力度,主流媒体要发挥示范引领作用,增加科普内容,各类新兴媒体要强化责任意识,加强对科普作品等传播

内容的科学性审核。这些政策的出台,为县级融媒体中心开展科技传播提供了依据。

但在实践过程中,县级融媒体中心才刚刚起步,各项工作正在摸索中前进,从研究数据结果来看,部分县级融媒体中心尚未充分认识到科技传播在提高公民科学素质、助力乡村振兴以及共同服务群众方面的重要作用,也尚未将科技传播纳入县级融媒体中心传播主要工作,现有科技传播工作还处在自发状态下进行,这些不足将极大影响科技传播的效果。

作为我国融媒体布局中的重要一环,县级融媒体中心担负着引导群众、服务群众的重大责任。要积极引导县级融媒体中心加强认识,进一步落实《规划》和《意见》精神,加强政策引导作用,将县级融媒体中心自发开展科技传播引导为责任和意识,充分发挥县级融媒体中心科技传播渠道优势和内容优势,通过提升科技传播能力来助力提高我国公民科学素质。

明确传播定位,赋能平台与业务

县级融媒体中心在科技传播过程中应明确传播定位,及时发现并调整建设过程中与实际情况不相适应的部分,实现传播内容有效供给,实现引导群众和服务群众的目标。

① 引导群众。一方面,应以《中国公民科学素质基准》为核心,对原有的科普资源进行筛选与汇聚,对科普关键应用场景进行分类,根据区域公民科学素质发展水平有序推送,实现公民科学素质提升的目标。另一方面,对原有科普资源格式进行优化,增加适合当前融媒体环境多种端口传播与分发的资源类型。充分利用媒体融合传播的优势,通过日常新闻报道、专项任务宣传和重大突发事件处理,对地方公众的态度、情感、意见、观念、行为进行影响和引领。

② 服务群众。县级融媒体中心依托其特殊的身份和属性向社会公众提供能够满足其生存与发展的多种需求的行为,是广义上的公共服务。县级融媒体中心运用数据分析与算法识别等技术手段,挖掘用户核心需求、使用偏好、资源类型进行分析与提炼,在不确定性中找到部分确定性的规律。为优质科普源的有效供给提供明确的方向。进一步优化信息内容服务体系,推动内容产品和服务创新。

三　加强科普资源的建设和使用，提升县级融媒体中心科技传播能力

县级融媒体中心开展科技传播一方面是实现对公众的引导，把应知、应会的科技内容通过融媒体平台传递给公众，另一方面是对公众诉求的汇总，对广大公众热切关注的科学问题快速反应，及时提供极具公信力的回应。但作为基层传播体系，县级融媒体中心在人员、技术等方面存在先天劣势，无法满足科技传播需要具备的专业知识和技能，在创作方面能力不足，以致自身科普资源的生产相对匮乏。因此，县级融媒体中心亟须加强科普资源的建设和利用。具体可以从以下两方面入手：

① 加强自身科普资源的建设。县级融媒体中心要充分认识到科普资源投入是其科技传播能力提升的重要因素，应根据自身以及所处地域的特点，利用新技术新方法加大科普内容创作的力度，开展具有地域特色和实用价值的优质原创科普内容的创作。

② 加强对已有优质科普资源的使用。应将如"科普中国"品牌等提供的优秀、权威科普资源进行推广宣传和使用，将"众创、严谨、共享"科普生态圈覆盖到县级融媒体中心，并通过接口技术接入县级融媒体中心的资源创作平台，提升县级融媒体中心科技资源拥有量，有效提高县级融媒体中心内容生产能力和内容推广能力，让更多人受益于科普宣传。

四　创新传播形式，完善县级融媒体中心科技传播矩阵

县级融媒体中心已经建立了较为完善的新媒体传播渠道，其微信、抖音的渠道覆盖率均达到90%以上，微博的渠道覆盖率也接近80%。随着新技术的快速发展，新的传播形式也将不断涌现，县级融媒体中心要时刻关注新的媒体形式，深入了解新形式的特点和优势并加以利用，根据不同的平台特点制定相应的科技传播策略，以进一步完善县级融媒体中心科技传播矩阵，取得更好的科技传播效果。

例如，可以利用AR、VR等技术为用户提供沉浸式的科普体验；使用数字人进行信息直播，提高与用户的互动效果；利用AI技术进行短视频创作，提高创作效率和作品质量等；可以通过互动问答、线上讨论等方式，增强与公众的互动和沟通。

五　加大县级融媒体中心和各级科协及其他部门的合作意识和力度

提升县级融媒体中心科技传播能力，不仅要全方位加强自身软硬件建设，也需要强化和各级科协及其他相关部门的合作，以达到资源共享、传播内容科学、准确、有的放矢、传播效果最大化等目标。以县级融媒体中心和科协为例，可以通过组织培训、座谈会、参与科普活动等形式，加大彼此间相互了解，以融合实践促进不同体系或部门间的交流和协作。县级融媒体中心成员通过对科普工作责任与使命的了解、对科普工作具体内容的理解，来提升对科普宣传工作的认知；各级科协工作人员通过加大对县级融媒体中心状况、媒体责任、新闻采编流程的了解，提升对媒体的认知。只有全方位提高协同合作的意识和力度，将不同部门的优势进行有效利用和互补，才能达到提高县级融媒体科技传播能力的目的。

六　引入标准思维，促进融合与协同发展

县级融媒体中心在完成基本建设后刚刚步入正轨，很多工作与做法还处在积极探索与完善过程中。当前全国科普服务标准化委员会组织制定了2项推荐性国家标准：科普服务分类与代码（GB/T 41555—2022）、科普信息资源唯一标识符（GB/T 41132—2021），为县级融媒体科技传播提供了服务与资源的依据。在加大对原有标准的实施与应用基础上，可开展县级融媒体中心科技传播为场景的系列标准预研工作。如《县级融媒体科技传播服务指南》《县级融媒体科技传播服务质量评价》等。为在全社会协同视域下科普工作的融合与协同提供标准支撑，通过标准化与规范化促进县级融媒体中心科技传播工作的高质量发展。

七　加强评估问效，推动县级融媒体中心科技传播新发展

定期对县级融媒体中心科技传播进行评估，通过评估可以了解县级融媒体中心的科技传播能力和问题，为改进科技传播工作提供依据。通过评估使县级融媒体中心明确自己的科技传播能力，找出差距和不足，借鉴别的区县的先进做法，进而形成以评促建、以评促改的科技传播新趋势。依托高校、科研院所开展科技传播研究和数据分析，为县级融媒体中心的科技传播工作提供科学支持和指导。

同时，完善县级融媒体中心和个人的科技传播奖励激励机制，增强县级融媒体中心科技传播典型案例的选树和宣传，激励县级融媒体中心更好地开展科技传播工作。通过选树一批具有代表性的县级融媒体中心典型案例，让其他中心能够借鉴和学习；通过宣传典型案例的经验和成果，提升基层方向感、使命感和荣誉感。这些举措将有助于推动县级融媒体中心更好地开展科技传播工作，提高科普宣传的质量和效果。

八　加强队伍建设，培养新型全媒体人才

融媒体队伍的建设对传播质量有至关重要的影响。由于融媒体平台搭建后对人才队伍提出了更高的要求，因此，提高融媒体工作人员素质成为一个十分迫切的问题。尤其，对于县级融媒体中心而言，人才匮乏状况更为严重。为提升其媒体人员的传播能力，县级融媒体中心首先需要建立相应的培训机制，提升管理人员、采编人员基本业务能力。其次，健全人才激励保障机制，引进更多优秀的新型媒体人才加入到县级融媒体中心工作，以此强化人才队伍建设。

县级融媒体中心科技传播能力调查问卷

请填写县级融媒体中心所属县区：[填空题]
_____

一、融合传播情况

1. 所在县区融媒体中心媒体融合情况 [多选题]

请选择具备项并填写名称。

传统媒体：

□广播_____ □电视_____ □报纸_____

新媒体：

□微信_____ □微博_____ □抖音_____

客户端：

□APP_____ □其他_____

其他：

_____

2. 传统媒体

(1) 电视中是否设有科技（普）栏目？[单选题]

○是

○否

电视栏目名称：_____，全年播出科技(普)节目时长(小时)：_____。[填空题]

(2)报纸中是否设有科技(普)栏目？[单选题]

○是

○否

报纸栏目名称：_____，全年发行总份数：_____。[填空题]

(3)广播中是否设有科技(普)栏目？[单选题]

○是

○否

广播栏目名称：_____，全年播出科技(普)栏目时长(小时)：_____。[填空题]

3. 新媒体基本情况[表格文本题]

渠 道	粉 丝 数	全年发布科技(普)文章数量
微信		
微博		
抖音		
其他新媒体		

二、所在县区融媒体中心在科技(普)传播中是否关注以下内容

4. 是否对全区县的科技(普)工作进行宣传报道？[单选题]

○是

○否

5. 是否对全国重大科技(普)活动进行宣传报道？［多选题］
□科技活动周
□全国科普日
□全国防灾减灾日
□世界气象日
□其他 _____

6. 是否对全国重点科技(普)事件进行宣传报道？［多选题］
□事件1　我国疫苗研发和接种工作全面顺利推进
□事件2　国务院印发《全民科学素质行动规划纲要(2021—2035年)》
□事件3　天宫开讲科普课，掀起全民航天科普浪潮
□事件4　大量科技应用助力三星堆考古新发现
□事件5　中国科学家精神纳入中国共产党人精神谱系
□事件6　《生物多样性公约》第十五次缔约方大会在中国召开
□事件7　中国开启建造天宫空间站的新时代
□事件8　中国首次火星探测任务取得圆满成功
□事件9　两院院士大会、中国科协第十次全国代表大会在北京召开
□事件10　公众自发向袁隆平、吴孟超等已故科学家致敬
□其他 _____

7. 是否开展科技助力县域发展的相关传播？［多选题］
□助力农产品销售直播
□助力县域技术创新
□助力防伪破迷、反邪教
□其他 _____

8. 是否开展应急事件的相关传播？［多选题］
□自然灾害
□生活安全

☐生产安全
☐其他 ＿＿＿＿＿＿＿＿

9. 是否开展突发公共卫生事件的相关传播？［多选题］
☐新冠疫情
☐猴痘
☐其他 ＿＿＿＿＿＿＿＿

三、公信力

10. 科技(普)类文章原创占比：＿＿%,转发占比：＿＿%。其中,转发的科技(普)类文章中来自权威机构占比＿＿%。［填空题］

11. 不同类别消息发布的时间以哪个为主？［矩阵单选题］

	1～3天	4～5天	6～7天	7天以上
常态化科技(普)信息	○	○	○	○
科技(普)辟谣信息	○	○	○	○
应急科技(普)事件信息	○	○	○	○

四、影响力

12. 公众影响力［表格文本题］

	数量
科技(普)类全年高点击量(>1000)文章数量	
科技(普)类全年高点赞量(>1000)文章数量	
科技(普)类全年高转发量(>1000)文章数量	

13. 媒体影响力
(1)被行业媒体转发的科技(普)文章数量：［填空题］
＿＿＿＿＿＿＿＿＿＿＿＿＿＿＿＿＿＿＿＿

(2)被转发的科技(普)文章媒体最高级别［单选题］

○国家级媒体

○省级媒体

○地市级媒体

○其他 _____

14. 所在县区融媒体中心的生产能力相关内容也希望您能分享：

(1)从事采编人员数量(正式和非正式之和)：［填空题］

_____

(2)是否有专门的科技(普)传播的部门或团队？［单选题］

○是

○否

(3)是否有关于科技(普)传播的激励政策？［单选题］

○是

○否